シリーズ 認知と文化

心を名づけること 上

心理学の社会的構成

Naming the Mind : How Psychology Found its Language

カート・ダンジガー *Kurt Danziger*

河野哲也［監訳］

keiso shobo

NAMING THE MIND:
How Psychology found its Language,
1997 by Kurt Danziger

English language edition published by Sage Publications of London, Thousand Oaks and New Delhi,

Japanese translation published by arrangement
with Sage Publications Ltd
through The English Agency (Japan) Ltd.

心を名づけること　心理学の社会的構成（上）

目次

目次

下巻目次

第一章　心を名づけること

1　もうひとつの心理学

もう何年も前、トーマス・クーンのパラダイムという用語が普及する以前のことだが、私はインドネシアの大学で二年間、心理学を教えたことがある。(1) そのとき、この仕事のために当地に赴任した私は、心理学の授業がすでにインドネシア人の教師によって教えられていることを知った。時間割をみると私の講義題目は「心理学」（インドネシア語で Psychologi）となっていた。一方、その同僚教師の講義題目はインドネシア語で「ilmu djiwa」と記されていた。インドネシア語で djiwa は魂 soul や心 psyche を、ilmu は科学もしくは「～学 -logy」を意味する。つまり言葉の上で「心理学 psychology」に相当するものがインドネシアにはもともとあったのだ。しかし、私はその科目を教えるように求められていたのではなかった。それがなぜかはすぐに分かった。私の同僚が講じていたのは西洋の心理学ではなく、ヒンズー哲学にジャワ人による解釈を加えた膨大な量の文献に依拠する何ものかだった。学生は二つの心理学――西洋のものと東洋のもの――のどちらかを選ぶのであった。

当時、私はこのことを奇妙だと思った。結局のところ、もしインドネシア人の同僚教師と私が同じ心理学的実在 reality を取り扱っているのなら、私たち二人が講じる領域には接点が、さらには一致して収斂する部分さえあるはずである。たしかに私たち二人がこの心理学的実在へとアプローチする方法はずいぶん異なっていたが、双方のアプローチの長所を合わせれば、この違いを建設的に活かせるかもしれない。そこで私は無謀にも、インドネシア人の同僚教師に二人でそれぞれ同じ心理学のトピックスに対する自分のアプローチを説明し、その後双方の違いを分析する、というセミナーを提案した。彼は快く私の提案を受け入れてくれたので、私たちはそのセミナーで扱うトピックスを検討しはじめた。しかし、ここで問題が生じた。彼の心理学と私の心理学のあいだには事実上、共通のトピックスが存在しないことが明らかになったのだ。

私はたとえば動機づけについて議論したかった。私の同僚が、動機づけがどのように作動し発展するかを説明する理論を聴きたいと思っていた。しかし彼は、自分の視点から見ると動機づけは心理学のトピックスではないので、それは難しいと言う。私がまったく当然のこととして「動機づけ」と一括りに群分けした現象は、彼にとっては興味を引く共通点のない異質なものの寄せ集めにすぎなかった。それは端的に、彼がひとつの理論で一括してあつかうのに相応しいと思えるような領域ではなかったのだ。もちろん私があげた「動機づけ」にまつわる現象のなかには、彼が重要と考えるものもあり、それについて語ることもできた。しかしそれ以上、「動機づけ」そのものについて論じることは彼にはできなかった。彼はトピックスを変えざるをえず、ほかのいくつかのトピックスをセミナーで取り上げようと提案した。今度は私が面食らう番だった。なぜなら彼のあげたトピックスは私にとって馴染みのないものだったばかりでなく、そのトピックスに関する説明について行けなかったからである。私にとってそれらは「自然の領域」を構成するものとは思われず、そこから生じる問題が私には共有できない前提に基づくもののように思われた。すると彼は、彼から見れば私の方も同じように受け入れがたい前提に依拠している、と指摘した。トピックスのリストを作り、それにまつわる問題を明確にする過程で、私たち双方がそれぞれ多くのことを当然の前提としており、その一方で、何を当然のことと見なすかについては一致しがたいという事態が明らかになった。私たちが一緒にセミナーを行うとすれば心理学的問題についてではなく、哲学的問題の議論になることは明らかだった。しかしそうした議論は当時、私が考えていたものではなかった。

おそらく手始めに取り上げるトピックスとして、動機づけは相応しくないのだろう。私はほかのトピックス――知能や学習など――をあげた。しかし結果は同じだった。インドネシア人の同僚はそれらのどれをも、ほかの領域からはっきりと区別される固有の領域とは見なしていなかった。それらがある共通の特徴をもつことは彼も認めたが、その特徴はトリビアルな、もしくは人為的な、もしくは恣意的なものにすぎないと考えていた。彼にとっては心理学的現象をこのようにグループ分けすることは不自然なばかりではなく、興味深い問題をすべて回避してしまうことなのであった。同じように私の側も、彼が提案したトピックスについて何をすることもできなかった。多くの場合、彼が問おうとした問題のポイントを理解することさえできなかった。残念なことだが、私たちは袋小路にはまり込んでいた。セミナーが開かれることはついになかった。取り上げるべきトピックスについて合意しなくても、そのようなセミナーを計画し出版することが可能だろうか。当時の私たちはその方法を知らなかった。

ここでそのインドネシア人の同僚教師の考え方が特異なものではないことを強調しなければならない。彼はそのとき、テキストと実践を兼ね備えた意義ある伝統のなかに体現されている首尾一貫した思想を代弁していたのである。それはさまざまな瞑想と苦行を伴う実践を含んでおり、その実践は、特定の心理学的現象を私たちの多くの心理学実験と同等か、それ以上に安定して生成することができる。ilmu djiwa という概念は、ほかの現象とともにこれらの現象も包括している。この西洋心理学とは異質な「ほかの」心理学を、アームチェアに座って考えただけの思弁にすぎないと退けることはできない。なぜならそれは、体系的な知識としての、かつ厳格に統御された実践としての、二重の意味においてまさに学であるからだ。しかし知識の組織化の点でも、重んじられる実践の点でも、西洋心理学とのあいだに共通点は見出せないのである。

自分自身が専門とする学問のエキゾティックな分身をまのあたりにして、私は動揺を覚えた。適切な文化的文脈が与えられれば、まったく異なった仕方で心理学的現象が分類され、きわめて自然な諸概念が形成されることがいまや明らかになったからだ。さらに、これらのたがいに異なる概念のセットが、それぞれ完全な実践的意味をもちうるのである。こうした事実は西洋の心理学が用いる心理学的カテゴリーの客観性について、何を示唆するだろうか。私がセミナーで取り上げようと提案したトピックスのリストは、自然が心理学的領域を分類する仕方を「正しく」反映していただろうか。もしそうなら、インドネシア人の同僚のリストは、せいぜい真なる分類のゆがんだ反映にすぎない。しかし彼も彼の学生もそう考えてはいなかった。実のところ、私たちは二人とも自分が行った分類を正当化する経験的証拠をもってはいなかったのだ。あるいは反対に二人とも同じように証拠を持っていた、とも言えるだろう。私たちはともにある種の実際的な結果を指摘できたが、それは私たちが前もってコミットしていた先入見にもとづいて生み出された結果だったのである。私たちは何であれ、経験したことを特定し識別することができる。なぜなら私たちはみな、そのような識別と位置づけを可能にする概念装置をもっているからだ。しかしその概念装置そのものは、経験によっては修正されないと思われたのである。

私のインドネシアでの経験が例外だったわけではない。その後しばらくして、有名な言語学者I・A・リチャーズ Richards の著書『孟子の心の理論』に出会った（Richards, 1932）。リチャーズは一九三〇年に北京大学に滞在していた。彼はそのとき中国の古典文献に含まれる心理学的理論を知るに至った。とくに孟子――西洋では Mencius と呼ばれている――の哲学的著作のなかに、心理学的諸概念の整合的な理論が含まれていると彼は考えた。しかしそれらの孟子の概念に対応する心理学的概念が、現代の西洋にはないことにリチャーズは気づき、興味をそそられた。たとえば彼が苦労のあげく「心 mind」または「意志 will」と訳した用語があるのだが、孟子の用語がこれらの西洋語が意味するものを表していないことも、彼にとっては明らかだった。ほかの孟子の用語に「感情 feelings」と「性質 propensities」の両方を意味するものがあったが、この二つは私たちにとってはまったく異なるものである。つまり、「ほかの心理学」、すなわち私たちとはまるきり違った仕方で研究対象となるテーマを分類する、もうひとつの心理学が存在するのである。

このことは、私たちが疑いをいだくことなく受け入れている心理学的分類の基礎に対して深刻な疑念を抱かせるものである。

伝統的に西洋人には当然とされ、思想や言語のなかにしっかりと確立されている分類に対して、中国の思想が注意を払うことはまずない。私たち西洋人にはその区別が当たり前なので疑問ももたず、それらが人為的な区別だと自覚することさえないのだが。私たちはそれらの区別が、あたかも無条件にものごと（と思考）の本質に属しているかのように考え、その区別を採用している。これらの区別が人為的に作られたもので、思考の伝統の一部をなすものとして維持されていることは忘れられている。私たちとは異なるべつの思考の伝統では、これらの区別を用いることは有用と認められず、（ほかの体系にコミットしていれば）その区別を認めることさえないかもしれない。（Richards, 1932：3-4）

この考えはリチャーズをして、「西洋の心理学は自分自身の基本的仮定をあまりにも検討・批判してこなかった」（1932：81）という考えへと導いた。これらの仮定に表されている区別は慣習に基づくものであって、正確な観察に基づくものではない。私たちは自分がもっている概念の枠組みが見させてくれるものだけを、「見る」ことができるのだ。[2] 心理学的な知識と経験を、私たちとは異なった仕方で体系化するもうひとつの枠組みに出会うと、このような考えに誘われずにはいられない。私は、インドネシアで教えていたあいだ、自分の心理学が可能な心理学のひとつにすぎない、という考えをどうしても忘れられなかった。

リチャーズや私が出会った西洋心理学以外の「可能な心理学」は、ともに豊富な文献資料をもっており、西洋心理学とつき合わせて比較検討することができる。しかし西洋の心理学であれ、ほかの心理学であれ、テキストとして記された心理学で日常言語に表された心理学と結びついていないものはない。心理学的内容に関するテキストを書く人は、用語の大部分を日常的言説から取らざるをえない。もしそうでないなら、そうした文献はそれが訴えかけようとした人々にとって無意味なものになってしまう。ある言語的伝統のなかで、ある用語にどのような注解が施されようとも、その用語が理解可能であるためには、共通して受け入れられる意味の蓄積がなければならない。だから諸々の日常言語はテキストとともに、多様な異なる心理学を表現しているのである。

この洞察は「民族心理学 ethnopsychology」として知られる分野にとって意味深いものであった。私たちには心理学的事象としてみえる事柄を、ほかの文化の成員が（読み書き能力の有無にかかわらず）どのように概念化しているかが問題になった。単純に、他文化の成員による心理学的用語の定義が、私たちの定義とどのように異なっているかを問えばいい、とすぐに思いつく。この方法でウォーバー Wober はウガンダで研究を行い、辞書をひくと西洋語の「知能 intelligence」に訳されている現地の言葉に対する人々の反応を集めた（Wober, 1974）。その結果、彼は知能の低さが素早さに結びつけられていることを見出した。アメリカの知能検査では素早さが非常に重んじられているので、これは興味深い知見である。彼はまた、心的能力 mental ability を意味するアフリカの言葉が、現代の西洋における知能ではなく、慎重さや思慮分別、あるいは礼儀作法の知識をさえも指していると報告している。

スミス Smith はさらに詳細な研究を行い、マオリ文化では自己と経験の関係が西洋とはまったく異なった形で理解されていることに気づいた（Smith, 1981）。経験は中心に位置する「自己」に帰属することはなく、「さまざまな経験の器官」で生じるものとされていた。その諸器官は名前をもっているが、その名前を翻訳することはできない。なぜなら私たちはそうした概念をまったくもたないからだ。反対にマルケサス諸島の人々の習俗心理学を調査したカークパトリック Kirkpatrick は、私たちが「認知」と考えている領域を彼らが区別しないことに注目している（Kirkpatrick, 1985 : 94）。

民族心理学的研究は、私たちが行っている心理学的分類の概念的基礎をなす基本的な区別が、普遍的なものではないことを示す数多くの証拠をもたらした。これらの区別のひとつ——結局それは対概念なのだが——に、個人内部に属するものと個人の外部の社会的領域に属するものの区別がある。そうした区別は「社会的刺激」という概念のなかだけでなく、社会的状況から切り離されて存在し独立に記述可能な個人の諸属性のセットとしての「パーソナリティ」概念のなかにもみられる。しかし非西洋社会から得られた多数の証拠（Markus & Kitayama, 1991；Kitayama & Markus, 1994）をみると、個人と社会のこうした対立は文化的に特殊なことである。ほかの社会では、人とその特徴の記述が、社会的状況の記述と区別されないことのほうが多い（たとえば、Shweder & Bourne, 1984）。私たちの心理学的用語は個人内部の本質に注目するが、それとは対照的に、ほかの社会では人と人のあいだの事柄をあらわす語彙もあり、十分な説明がないとその意味を伝えるのは難しい（たとえば、Rosaldo, 1980；White, 1985, 1994）(3)。

西洋の心理学的現象の分類の背後で当然視されている区別のもうひとつの例として、合理的なものと非合理的なものの区別、認知的なものと感情的なものの区別を指摘したい。「情動 emotions」と分類される事象のカテゴリーを「認知 cognitions」と分類される事象のカテゴリーから切り離すことが、これにあたる。しかしこの区別は、私たちの文化やほかの文化で情動をあらわす言葉が日常生活のなかで使われている仕方に対応していない（Averill, 1985；Lutz, 1988）。そうした言葉は、深い意味をもつ文化的に定義づけられた状況や問題について語る場合に使用される。だからさまざまな文化において、これほど多様な情動を表す語彙が存在するのである（Heelas, 1986；Russell, 1991）。さらにひとつひとつの情動語は認知的な筋書きを表現しており(4)、そうした語が文化の違いを越えて同じ普遍的な心理学的状態を反映しているとは考えられない。

要するに、心理学が今までに扱ってきた多くのカテゴリーの普遍的妥当性を疑わせるような、比較文化論から得られた大量の証拠が存在するのである。常識的な考えに反して、心理学のカテゴリーは文化を越えた純粋なものではなく、特定の専門職業的文化のなかで存在している。個人の行為と経験を語る仕方は無数にある。だから二〇世紀のアメリカ心理学の言語だけが、私たちが「心理学的」と呼ぶ現象がもつ自然の普遍的構造を精確に反映している、とあたかも当然のことのように考えるのは傲慢である。もしそのような傲慢を避けるべきだと考えるなら、この言語を詳細に吟味しなければならない。

2　心理学のカテゴリー

今日私たちに馴染みのカテゴリー——認知や情動、学習、動機づけ、パーソナリティ、態度、知能など——は、果たして自然種 natural kinds を表しているのだろうか。幸運にもたまたま私たちは、心理学的事象のさまざまな集合のなかで、自然の客観的な区分をまさしく反映している名辞的な網の目 nomological net を入手できたのだろうか。もしかすると、そうなのかもしれない。しかしそれは私たちが用いる経験的研究方法が卓越したものだからではない。なぜなら問題となっている諸カテゴリーは経験的研究を行った結果として生み出されたものではないからだ。その諸カテゴリーは経験的研究の対象として識別される前から、そこに存在した。たとえばある経験的知見を説明するために、心理学者が「情動」という概念を発明したのではない。心理学者が属する文化が「情動」として分類している事象を研究した結果、彼らはその経験的知見を得たのである。

通常、科学の対象は現実のある側面を説明するためにあえて取り上げられる。現実はそれを研究する科学とは独立した存在と考えられている。心理学が私たちの知識に態度や動機づけやパーソナリティなどの項目をつけ加えたという主張の背後には、心理学的現実が、この現在当然視されているカテゴリーのネットワークに沿って区画されている、という仮定が存在する。それらの心理学的現実は関連してはいるが、相互に区別される。感覚は態度ではなく、動機づけは記憶ではない。同様に通常、心理学理論は態度の構造や学習の法則に関する仮説を作る一方、「態度」や「学習」が個別の種 kind（その各々が理論的構成体を要請する）を記述していることを疑いはしない。つまり心理学理論はその対象を理解する前に、先行して存在する基盤の上で作動しているというのだ。

これまで心理学者は、一種の規約主義[5]の立場をとっていれば、こうした問題は考えずにすむのだと思ってきた。規約主義によれば、心理学的カテゴリーは、実際にはまったく恣意的なものである。心理学の測定はある種の産物をもたらし、それに名前がつけられる。共通の用語がここで用いられる。しかし結局のところ、それは、用語の科学的な意味を定義する測定という操作にすぎないのである。科学的な意味がその用語の日常的意味に対応するかどうかは経験的問題であり、手続きの「外的妥当性」を確立すればそれは解決されるのである。

しかし物事をこのように処理すると、用語の意義（字義）sense と指示対象 reference の混同という問題が生じてしまう。[6] たとえば「知能は知能検査が測定するものだ」と述べることは、「知能」という用語に特定の指示対象をあたえるが、その字義はいまだあたえられていない。[7] ある現象をカテゴライズする行為にはつねに、二つの決定が含まれている。第一に、私たちは名づけるに値する十分な個別性と安定性を備えたある現象が実際に存在する、と決定する。その現象には私たちが選ぶ指示対象しだいで、どんな名前でもあたえることができる。しかしその名前は、正しい名前でなければならない。だから私たちは可能な無数の名前のなかで、どれが適切かを決めなければならない。その決定を下すとき、私たちは用語がもつ特定の字義を選ばなければならない。字義と指示対象は別のものである。心理学的研究ではある現象が名づけられた後で、それを再現することが不可能だと分かることがある。この場合には、結局のところ、それが本当に実在する現象なのかどうか深刻な疑いが生じてしまう。印刷された本のページの外の世界では指示対象が存在しないのに、その用語を使っていることになる。しかしその用語はいまだ字義をもっている。ユニコーンは実在しないが、「ユニコーン」という語はある字義をもっている。同じように「知能」という用語は、ある字義をもっている。たとえこの語に対応する実体が、個々の人間の内部に存在しないと明らかになったとしても、そうなのだ。反対に、外部に何らかの実体が存在し、「知能」がそれを指示するには適さない語だと判明するかもしれない。この場合には指示対象は存在するが、それが何かを示す字義が間違っていることになる。[8]

用語に特定の字義をあたえるのは、その用語を一部として含む言説である。インドネシア人の同僚教師は西洋心理学を知っていたので、「知能」や「動機づけ」のような語の字義を理解していた。彼はこれらの用語が西洋心理学のテキストで、どのように用いられるかも知っていた。そうした知識をもっていないと、用語を理解することはできなかっただろう。同様に彼の用語の字義を理解するには、私が彼の心理学的テキストを理解する必要があった。私たちはどちらも、文献以外に何らかの現象を指し示すことによって、語の字義を理解することはできなかった。そうしたカテゴリー・ラベルの字義を理解するには、カテゴリーに該当する事例だけでなく、各カテゴリーがほかのカテゴリーとの関係（区別、対立、上位語・下位語など）でどう位置づけられているかを理解しなければならない。諸々のカテゴリーは、それを含む言説からしか集められないのだ。ある事例を模範例たらしめたものを理解するには、事例を見ることだけでは十分でない。私たちは、再び問題のカテゴリーが生まれた言説の世界に参入しなければならない。よって、区別は用語に字義をあたえた言説と、その外にあって用語が指示する何ものかのあいだに存在する。外部の何ものかは、もうひとつの言説かもしれないし、そうではないかもしれない。指示対象のどの特徴によってその対象が集合のメンバーに含められるのかを前もって知らないかぎり、あるクラスの用語を指し示して字義を定めることはできない。だから私たちは、解釈する言説に依拠して観察しなければならないのである。

　私たちにできるのは、あらかじめ存在するカテゴリーのネットワークを適用して、経験的観察（客観的観察）を他者へと伝達することだけである。経験的記述による説明は、一般的なカテゴリーを用いて行われる。このカテゴリーが、観察されているものが何なのかを定義する。観察が心理学的に重要で興味深いものになるには、心理学用語で表現されなければならない。ある人が手にもっている鉛筆が、ページの上端からある距離をとって一枚の紙と接触した、という報告は、パーソナリティ心理学の経験的観察とは見なされない。一方、ある人のテイラー顕在不安尺度の得点が何点だった、という報告はそう見なされる。何らかの観察を行うだけでは、科学として十分ではない。意味ある観察を行わなければならないのだ。そして心理学的カテゴリーを用いずに、心理学的に意味のある観察を行うことはできない。私たちが共有している知識につけ加える前に、自分が観察しているものが何なのかについてたがいに同意する必要がある。私たちはかならずしも自分の先入見を矯正できないというわけではない。しかし、当然視すればするほど、その存在を自覚できなくなり、是正できなくなるのだ。

そうした矯正不可能性は、経験的研究の成果を台無しにしてしまうおそれがある。経験主義の伝統は、心理学的事象に関する明示的な理論を、つねに経験的な証拠に照らして吟味するように習慣づけてきた。しかしポスト経験主義哲学は、もうひとつの別種の理論——私たちが研究対象を定義し、研究によって得られた経験的知見を表現するために用いるカテゴリーが含意している諸前提——へと注意を喚起する。これらの諸前提を吟味し是正しないなら、科学の進歩を妨げる制約を科すことになってしまう。

この問題は心理学にとってとくに重要である。すでに一世紀ものあいだ用いられていながら、大部分の心理学用語は依然として文化全般が共有する意味に深く依存しつづけているからである。心理学は動機づけについて、パーソナリティについて、態度などについて理論を作り出してきたかもしれない。しかし個々の実在を動機づけやパーソナリティや態度などへ結びつけるカテゴリーのネットワークは、広範な言語共同体から借り受けてきたものであり、心理学者もそこに属しているのだ。大部分の心理学者は、彼らの仕事と実験室外の生活との関連性を保ちたいと思っていた。そのため彼らは、科学的カテゴリーと、日常生活の通常のカテゴリーによって定義された現象の相関関係を示さなければならなかった。このため日常的カテゴリーがもっていた多くの伝統的な意味が取り入れられたのである。

心理学者は理論的概念の定義では規約主義者であったが、理論が説明しようとしている領域との関係では、彼らは素朴な自然主義者のようにふるまった。心理学者は日常の心理学的概念があたかも自然種を表しているかのように、彼らの基本カテゴリーの区別が、あたかも自然に存在する心理学的現象の区別を正しく反映しているかのようにふるまう傾向があった(9)。心理学の議論は、個々に区別される実体が外部に現実に存在していると想定している（たとえば、私たちが「態度」と呼ぶものに対応する実体が外部に存在する、と考えている）。そして、それが外部に実在するほかの実体――動機づけや情動などの異なるカテゴリー名をもつ実体――とは自然の定めによって異なる種に属している、と仮定している。もちろんこうした自然主義者たちは、自然種（心理学の主題はこれにしたがって区分されている）を正確に表しているのは、二〇世紀に普及したカテゴリーであって、それ以外のいかなる旧式のカテゴリーでもない、と確信していた。しかし前節でみたように、西洋の心理学の代わりとなりうる心理学の存在は、そうした確信に対して私たちを懐疑的にさせるのである。

心理学者は理論的概念を明確なものにすべく、多大なる労力を費やしてきた。しかし彼らの努力は、心理学的諸現象をカテゴリー化する方法に手を加えなかったせいで、虚しいものになってしまった。心理学理論の検討にも疑問にも付されていない仮定や前提が、これらのカテゴリーの意味を担っている。心理学理論が明確な形で公式化されたときには、大部分の理論的な事業はすでに終わっていた。心理学的現象を記述し分類するために用いられたカテゴリーのなかに、理論は埋め込まれている。理論のこの隠された水準を掘りおこして明るみにだすには、心理学的カテゴリーの意味のもとになっている言説を分析しなければならない[10]。しかし、言説は歴史的に形成されたものだと認識しないかぎり、そうした分析を行うことは困難である。すべての心理学的カテゴリーは、歴史の過程のなかでその意味が変化したのだし、それらのカテゴリーを一部として含んでいる言説も同様である。ある時代に共通して用いられていたカテゴリーを理解するには、歴史的視座からそれを見なければならない。これらのカテゴリーの起源をさかのぼると、その後には隠蔽され当然視されるようになるカテゴリーが、いまだ開かれた疑問符のついた形で存在しているのを見出す。新しいカテゴリーが、なぜ、誰によって導入されたのか、その理由もまた発見できる。本書はこうした課題にささげられているのである。

3　歴史記述

心理学的カテゴリーと概念を歴史的視点から検討することは、現代心理学の最も根深い特徴のひとつに数えられる非歴史主義 ahitoricism とはまったく異なった立場を取ることである。非歴史主義では、歴史が心理学的言説に参入を許されるのは、個々の心理学者の歴史としてだけである。しかもそうした場合でさえ、歴史は心理学というディシプリン[11]のほかの部分からつねに切り離されてきた。通常、歴史は、現在行われている心理学的研究やその産物に何らかの関わりをもつとは見なされていない。

歴史がこのように扱われる最もはっきりした理由は、心理学を自然科学と同一視しようとする強い願望である[12]。心理学的研究は歴史的事物ではなく、自然の事物 object に関わるものと見なされ、その方法は歴史の方法ではなく、自然科学の方法だと考えられている。心理学は歴史的に規定された社会的現象ではなく、歴史を通して変わらない「自然の現象」としての認知や知覚、動機づけなどの研究をめざしているというのである。だから自然科学の実験的アプローチが強く好まれる一方で、歴史研究の文献的方法は排除される。物理学史が現在の物理学研究にとってほとんど重要でないのと同じように、歴史研究は心理学というディシプリンの現在の研究にとって重要でない、というわけだ。このように両者において歴史の地位が低いのは、科学の進歩に関する暗黙の信念が原因である。もし科学の歴史が知識の累積による改善の歩みなら、過去の歴史はただ、より正しい新知識に取って代わられた古い知識を含んでいるだけである。そうしたものにわざわざかかずらう主な理由は、科学の進歩を寿ぎ、過去の科学者たちが予想できなかったような真理に到達したことを自ら祝福すること以上のものではないだろう。

こうした歴史記述 historiography の特徴のひとつに、現在のゆるぎない心理学諸領域の区分を疑うことなく受け入れる、というものがある。これらの区分は、人間の恒久的本質の構造を本当に反映していると考えられている。だから二〇世紀以前の学者は「知能」や「パーソナリティ」や「動機づけ」のようなトピックスを論じてはいないのだが、彼らの著作はそうしたトピックスに関する理論として扱われるのである。もしそうしたカテゴリーの存在が認められた場合は、カテゴリーの性質が現在の研究の成果によって定義されることになる。だから過去になされた研究は、私たちが今日正しいと知っているものを「先取りしている」かぎりで興味を引くだけだ。[13] この場合に私たちが歴史から学ぶことができるのは、ちんまりとおつにすました古い教訓――「巨人たちの肩の上に」乗っているからこそ、私たちは父祖よりも遠くまで見渡すことができる――だけである。もし歴史研究に対してこのようにアプローチするなら、その価値を疑うのももっともなことだ。なぜなら現在の心理学の実践からみて、歴史は祝祭する役割しかもたないからだ。

かつての歴史記述は、科学の発展のうちに二種の要因――経験的現象とそれを説明する理論――だけを認める実証主義的哲学にもとづいていた。そこで認められていなかったものは本章が強調する要因、つまり、さまざまなカテゴリーの枠組みによって現象と理論を組織化するという要因である。この枠組みには、研究されている主題に関して当然視されている諸前提が含まれているのである。

フランスの生物学史家ジョルジュ・カンギレム Georges Canguilhem は、この認識を自らの研究の基礎とした最初の人である。カンギレムが研究した歴史的トピックのひとつに、反射の歴史がある

(Canguilhem, 1955)。いったい、反射とは何だろうか。明らかにそれは理論ではない。反射について、多数の理論が提唱されてきたが、反射そのものは理論ではない。ではそれは現象なのだろうか。実証主義の歴史記述は、いつも反射を現象として扱ってきた。しかし動物が行う反応の身体的メカニズムを考察したデカルト Descartes は、二世紀半後にシェリントン Sherrington がケンブリッジの研究室で観察したのと同じ現象を扱っていたのだろうか。明らかにそうではない。では、その二つを結びつけるものは何だろうか。カンギレムの解決策は現象でも理論でもなく、彼が概念と呼んだ第三の実体の存在を指摘することだった。反射は概念であり、観察をグループに分け特定の意義を付与するものであった。表面的な理解を越えて科学史を深く理解するには、概念の変化に焦点をあてる必要がある。こうしてカンギレムは反射概念を歴史的に吟味し、デカルトがその創始者ではない、という結論に達した。そしていつ、どうして、祖をデカルトとする反射の「起源の神話」が生まれたのかを究明した。[14] カンギレムはこのほかにも、生物学的制御力 (Canguilhem, 1988) や正常性 (Canguilhem, 1989) などのトピックに関心をもっていた。これらの場合も、彼の歴史的研究は、「私たちに現象の最初の理解をもたらし、どのように現象を説明するかという問題を科学的に有効な仕方で定式化することを可能にする」(Gutting, 1990) 概念を究明するものだった。

カンギレムが「概念」として言及したものは、本書のテーマである「カテゴリー」にきわめて近い。[15]「刺激作用 stimulation」はそうしたカテゴリーの一例である。第四章でその初期の歴史を論じることにする。反射の場合と同じように、私たちは刺激とは何かと問うことができる。刺激がどのように作用するかについて理論を作ることはできる。しかし刺激は、理論でも生の現象でもない。それはある仕方で解釈された現象、すなわち、特定の記述のもので刺激として記述された現象である。刺激として分類された現象はどのようなものであれ、ほかのカテゴリーによって記述することも可能だった。何ものかを刺激として記述する可能性は、つねに存在していたわけではない。このカテゴリーは歴史上のある時点で現れ、その後の歴史の過程で多くの変化を経てきた（Danziger, 1992b）。その歴史の一部を第四章でたどることにする。

科学的カテゴリーが歴史をもつという事実を無視すれば、根本的な問題を回避することも可能になる。その一例が個別主義 specialisms の歴史にみられる。たとえば「動機づけ心理学」の歴史を語ることは、動機づけというカテゴリー自体の歴史性から目をそらす卓越した手法である。動機づけとそれ以外の現象のあいだの自然の区別という実在――それはいかなる言説からも独立している――が最初から仮定されて、残りのすべては何らかの歴史的素材の再構成によって、この区分に適合させられる。マーカス Markus が示唆したように（Markus, 1987）、この種の歴史は、現在ある種の科学者たちのあいだで得られているコンセンサスを、より堅固なものにする役割をもつと見なされるべきである。ある種の科学者たちとは、根本的問題をめぐって続いている論争に破壊的影響をあたえることも、その活動の基礎である知的構築物について疑いを抱かせる混乱的効果をもたらすこともできないような科学者たちのことである。

過去には、この実証主義的な歴史記述は、思想史と呼ばれる分野から生じてきたもうひとつの傾向とうまく共存していた。思想史的なアプローチでは、近代における心理学の個別主義的研究の発展は、歴史的に不変のカテゴリーというパラメータを背景にして捉えられる。そうしたパラメータは、心理学についての考察をつねにかぎられた回路に導くことになった。心理学の歴史記述においてこのアプローチを代表する傑出した研究者、R・I・ワトソン Watson によれば、その回路は一八しかない(Watson, 1971)。そうした回路は対立項によって定義される。たとえば機能主義対構成主義、物理主義対メンタリズム、一元論対二元論などである。こうした二項対立は、ホメロスの時代からB・F・スキナー Skinner まで変わらないものとされる。歴史の過程で変化したのは、永遠不変の二極的カテゴリーに対して学者が取るべき立場を規定している支配的規範の方である。この図式は、心理学的諸カテゴリーが歴史をもつことを否定して、その歴史性をうまくごまかしていた極端な例である。かつてはこうしたアプローチが普及していたのだ。(16)

非歴史主義はこのアプローチの基盤であり、またそれと共存していた個別主義的な歴史記述の基盤だった。個別主義は、ただ単に現行の心理学的カテゴリーが歴史的に短命に終わる可能性を否定していただけだが、思想史に鼓舞された人たちはそうしたカテゴリーを永遠の所与という地位へと高めた。この二つのアプローチでは本質主義が歴史に取って代わった。アメリカ心理学で現在流行っている諸カテゴリーは、人間の本質を時間に関わりなく定義するという特徴をもつと考えられている。そのようなアプローチをとれば、ローカルで短命な関心事を、永遠の真実の地位へと引き上げるきわめて偏狭な島国根性に毒されることになる。

本書はこれとは対照的に、心理学的カテゴリーの本質は（本質なるものがあるとしての話だが）歴史的に構成された対象としての位置づけのなかにある、という仮定から出発する。時代を超えて心理学の歴史をつき動かすような「永遠の問題」などというものは存在しない（Skinner, 1988a を参照）。心理学的カテゴリーは、異なる時代に異なる場所で、さまざまな問題に対処して多数の疑問に答えようとする試みのなかで繰り返し構成されてきた。そしてそれらの問題や疑問の多くは、本質的にはまったく心理学的なものではなかったのである。[17] 自然科学との同化を目指したところで、心理学のカテゴリーが歴史の流れの外に抜け出せるなどということは決してない。物理学のカテゴリーでさえ歴史的に作り出されたものである。ある哲学者は次のように述べている。

空間であれ、時間であれ、星々が瞬く天空であれ、物体を動かす力やそのほかの対象であれ、そこで私たちはただ、共有される意味を探求しているのである。その意味とは、それぞれ歴史のなかでそれらの対象に適用され、それ自体が変化を乗り越えて徐々に拡大して、すべての科学理論にとって共通で持続的な基盤となるような意味である。人間には、世界のすべての場所で同じ時間が刻まれているのではないと理解するのは難しい。科学研究において、今日と昨日までの過去とではかならずしも同一の対象が語られてきたのではないと理解することは、さらに困難である。（Hübner, 1983 : 123）

歴史を書くことは、歴史性 historicity を探求することと同じではない。上記の心理学の歴史記述から引いた例が示すように、非歴史的な仕方で歴史を書くことも十分に可能である。歴史を書くといった場合、個々の研究者とそのアイデアは次々に現れてくるけれども、それらのアイデアは一定不変のテーマを変奏しているにすぎず、学者たちは同じ問題を研究の対象としているものと見なされる。しかし歴史性の研究では、主題や問題、個々の学者さえも、特定の歴史的状況によって形成されたものと捉えられ、探究される。本書の関心は歴史を書くことではない。歴史性、とくに心理学的カテゴリーの歴史性が関心の焦点である。

しかし、どのようにすればさまざまなカテゴリーの歴史性を解明できるのだろうか。ここに言語の問題が関わってくる。科学的言説のカテゴリーは名前をもっていて、その名前が、カテゴリーを区別し客観化して、ほかの諸カテゴリーとの意味的関係のネットワークのなかに位置づける。だが、その名前の歴史を辿ることによってカテゴリーの歴史を明らかにできるだろうか。二〇年ほど前にレイモンド・ウィリアムズ Raymond Williams は『キーワード集 Keywords』という本を著し、この路線の研究を試みた（Raymond Williams, 1976）。彼は「民主主義」や「社会」のように、社会的政治的論争において根本的に重要な用語に着目した。そのなかのいくつかは、「行動」や「パーソナリティ」のような心理学的なキーワードだった。「行動」の場合で言えば、二〇世紀におけるその言葉の意味が、道徳的に中立的な人間の行為の記述をもたらす方向へ変化してゆくことに注目した。ウィリアムズの研究は今日でも興味深い先駆的業績だが、以下のような限界も指摘されている（Farr, 1989 ;

Skinner, 1988b)。

第一に、ウィリアムズのアプローチに含まれていた言葉と概念の定義にまつわる問題がある。たとえば、人々が民主主義という言葉をもつ以前に、その概念を評価することができるだろうか。最終的にはそうした疑問への答えは、言語の役割をどのように考えるかで異なってくる。しかしこうした問題を問うのは、さまざまな心理学的カテゴリーの歴史的発展についての証拠を集める前ではなく、証拠を集めた後の方が賢明だろう[18]。本研究の大部分では、用語と概念をめぐる問題は生じない。なぜなら、本書のほとんどの部分で私たちは、特殊な事例における、つまり心理学というディシプリンの文脈における諸概念の使われ方に関心をもっているからだ。文脈には、言語と概念を収斂し標準化する効果がある。さらに諸カテゴリーが創出される過程を研究するには、用語の意味の変化が最良の手がかりになる。著名な歴史家が述べているように、「集団もしくは社会が新しい概念を自覚的に所有していることを示す最も確かなしるしは、それに対応する語彙が、その概念を整合的に論じるにたえる語彙が、生み出されたかどうかにある」(Skinner, 1988b : 120) からである。

また『キーワード集』のアプローチは、ひとつの言葉に焦点をあてるために、概念の歴史を過剰に個別化してしまう潜在的危険性をはらんでいる。だから、ひとつの用語はつねに意味関係のネットワークに埋め込まれていて、そこからその用語の意味や意義が引き出されるのだという事実を忘れてはならない。そうしたネットワークでは、ある用語の意味の変化が、ほかの用語の意味の変化から独立していることはない。各用語の意義は、より大きなネットワーク全体のなかでその用語が占める位置に依存しており、それを、言説的形成体 discursive formation として捉えるのが最も適切である。ここで言う「言説的形成体」とは、統合された意味世界を構成する言語のことを指している。そこでは各用語はほかの用語と整合的に組織化され、それによって、真と見なされる知識や正統と見なされる実践を表象する、一貫した枠組みが形成されるのである[19]。

言説的形成体の要素をなすカテゴリーの歴史を、個々の人物の歴史として記述することはできない。言語はそれ自身の歴史をもっている。言語は多くの人の手で作られ、大規模な集団の思考と実践を導いて、それを形成する。ここで再び心理学史家が一般に好んでいる歴史と、本書が追求する歴史の差異が明らかになる。理解できることではあるが、心理学者が心理学史にたずさわる場合、個人に重きをおいた説明を好む、という心理学者にありがちなバイアスをもつことが多い。彼らが受けた職業的訓練は、社会的・歴史的な事象を個人の行為や思考やパーソナリティによって解釈するという、すでに堅固にできあがった文化的傾向をさらに強化しがちである。社会心理学的研究の大半と同じように、この傾向はすべての社会的現象を個人の行動に還元するという、暗黙裡の形而上学的個人主義に基づいていることが多い[20]。歴史を言説的形成体の歴史として捉える考え方そのものが、このアプローチと相容れない。それは科学史における「言語的転回」のような近年の歴史記述の動向にこそ、よく調和する（Golinski, 1990）。

形而上学的個人主義を拒否するからといって、個々の歴史上の行為者を論じられなくなるわけではない。そのような仕方で書かれた心理学的言語の歴史は、おそらく語源学辞典に近くなるだろう。実際、これがウィリアムズの『キーワード集』的アプローチの限界のひとつである。このアプローチによって歴史の変化を記述できるが、その理由については推測することしかできない。変化の理由を明らかにするには、心理学のテキストを歴史上の行為者に結びつけなければならない。しかしこれは、テキストをその著者の個人的生活によって説明することではない。そこでは著者は、歴史的な行為者として登場するだけだ。すなわち、テキストによって著者は進行する歴史的過程に介入し、またその一部となるのである。彼らのテキストは何ごとかを為すのだ。しかしその歴史的意義は、著者の個人的な意図に依存しているわけではない。むしろ当該のテキストがその一部をなしている言説的形成体の方が重要なのだ。著名な思想史家は次のように述べている。

さらに私たちは著者の「意図」を問う際に、ある作品を書いていたときの著者の心の状態に関する証拠を探しているのではない。そのテキストの客観的な特徴について、とくにほかのさまざまなテキストとの関係についての証拠を探しているのだ。要するに、私たちはその分野におけるテキストの配置上の特徴を問うているのである。(Ringer, 1990：271)

以下の章では、心理学における個人の貢献にしばしば言及するが、それは個人の伝記の要素としてではなく、言説形成体の要素として捉えられているのである。

4　本書の概観

心理学的言語の包括的な歴史を一冊の本のなかに収めることはほとんど不可能である。かりに時間と分量の制約がないとしても、そのような企図はきわめて困難なものになるだろう。というのも、心理学的言語の歴史を書くには、そうしたトピックの境界を定める仕方をあらかじめ著者が知っていなければならないからである。そのためには「心理学的」という言葉が何を意味するのか、明確な理解がなければならない。心理学的言語はほかの言語とどのようにして区別されるのか。また心理学的カテゴリーは、ほかのカテゴリーとどのようにして区別されるのか。そのような質問には多くの異なる回答が予想されるが、二、三世紀前にはそうした質問を理解することさえできなかっただろう。明らかに「心理学的」という言葉自体が、究明されるべき歴史をもつ心理学的カテゴリーの一例である。そうしたカテゴリーがいつの時代にも存在したわけではない。だから私たちは、過去の資料のなかで関連性のあるものとないものを区別する基準として「心理学的なもの」という概念に立ち戻らなければならない。しかしそれは危険な企図である。私たちは、最悪の「現在主義 presentism」へと陥ることになる。現在主義は、過去をただ現在のカテゴリーによって再解釈するだけである。その結果、歴史は「誤謬」と「先取り」のカタログのようなものになってしまう。

そこで、心理学史のなかで比較的問題なく受け入れられるのは、今日あるようなディシプリンとしての心理学によって定義される部分だけになる（Smith, 1988）。しかし、ひとたび心理学というディシプリンのテキストと制度的な構造が姿を現すと、比較的明確な境界で画されたはっきり識別可能な分野を得ることになる。この分野は言説のある種のカテゴリーによって特徴づけられているが、私たちはその歴史を直接に研究できる。これが本書の主要なテーマである。しかしこのことは、心理学というディシプリンが出現する以前に存在していたさまざまな発展には注意を払う必要がないという意味ではない。すでに述べたように、科学的なディシプリンとしての心理学の諸カテゴリーだけに研究を限定することは、根本的な問題を避けるための方便である。そうしたカテゴリーの本質を理解するにはその起源を知る必要がある。とくに、そのカテゴリーによって扱われることが期待されている問題とは何かを理解しなければならず、そのカテゴリーが過去の伝統から受け継いで体現している仮定とはどのようなものかを理解しなければならない。

第五章で「知能」のカテゴリーを考察するが、一九世紀における現代的な意味での「知能」の出現にかなりの紙幅をあてた。そこには二つの源泉、すなわち、進化論的生物学と一般化された合理的な教育システムがある。第五章では二〇世紀の心理学的な「知能」の意味が、この二つの起源から出現する過程を明らかにする。

これ以外にも、一九世紀におきた発展は、二〇世紀心理学の概念的装備に本質的な要素をもたらした。いくつかの重要な要素を第四章で考察する。そこでは刺激作用や反射や精神生理学的エネルギーのような、精神物理学の基本概念が歴史的に出現する過程を検討する。一九世紀の生理学的な言説に共通する特徴は、それ以前には心的なものと物理的なものをはっきり区別するという意味をもたなかったカテゴリーに、徐々に両者を分かつ二元的構造を課していったことである。現代心理学はその二元的構造を引き継がざるをえなかった。

二〇世紀の心理学的言説とそれ以前の言説の連続性は、時代をさかのぼるほど弱く疑わしいものになる。一九世紀にはまだ多くの接点があるが、それ以前の痕跡はずっと不確かである。一七世紀後半より前には、人間の経験と行動の分析のために使えるカテゴリーは、現代の心理学的カテゴリーとは大きく異なっていた。だからこれら初期の時代をあつかうときには、もはや現代の心理学のカテゴリーを追っているとは言えなくなる。本書の目的は、歴史的に不変の実体としての心理学を構築することではなく、心理学的カテゴリーの歴史性を探究することである。だから一七〇〇年より以前の時代から検討をはじめなければならない理由はない。それにもかかわらず、第二章では、もっと古い時代のいくつかの主題を簡潔に概観した。その大部分はアリストテレス的諸概念に関するものである。なぜなら個々の人間の生活や経験に関する西洋の思弁的研究にとって、アリストテレスの諸概念は、歴史的にきわめて重要だったからだ。しかしこの粗描的な概観では、私が本書のほかの諸章とは異なると考えている主題を扱うことにする。それらは、現代の諸概念の根本的な新しさを示すために、歴史的な対照点として紹介されるにすぎない。アリストテレス的概念をご存知の読者は第二章をとばして、第三章からはじめられてもいいだろう。

第三章では、現代心理学のカテゴリーのネットワークに概念的基礎をもたらした初期の動向を簡潔にレビューする。この発展の大部分は一八世紀に起きた。心理学的な対象に関する明瞭な体系的思考が存在することをはっきり示す証拠が見出されるのは、この一八世紀の時代である。こうした考察の大部分はドイツで生まれた。この時代のドイツで「心理学」という用語が、現代と同じような意味で用いられはじめたのである。しかしこのような発展を刺激し促したのは、イギリスの経験主義哲学だった（Dessoir, 1902 ; Sommer, 1892）。この理由から、さらにまたイギリス経験論哲学と二〇世紀のアメリカ心理学の歴然たる連続性ゆえに、第三章では、イギリスで発展を遂げた伝統的なメンタル・フィロソフィーの一系統に焦点を当てる。考察の対象となる諸概念には、情動や動機づけや意識や自己が含まれる。

これらの概念は、結果として心理学の主題の一部となりはしたが、後の諸章で考察するカテゴリーとは異なって、現代科学としての心理学が作り出したものではない。心理学というディシプリンのカテゴリーがもつ二重の起源が、ここで例示されている。「行動」や「学習」や「動機づけ」を含むそれらのカテゴリーの多くは、二〇世紀以前には心理学的考察のカテゴリーとして存在しなかった。それらカテゴリーの歴史全体が、ディシプリンとしての心理学の歴史と結び合わされている。[21] しかし「情動」や「意識」や「自己」などのカテゴリーはもっと古く、一八世紀に、あるいはその少し前にまでさかのぼる。それらのカテゴリーは、心理学的用語によって人間の主観性を再構成する歴史的過程の産物である。この歴史的過程は、中世以後のヨーロッパのある地域でとくに顕著にみられた。このような展開なくしては、現代の心理学はありえなかっただろう。心理学というディシプリンの主題は、心理学的用語によって人間生活を経験するという文化的傾向のなかで形づくられた。グラハム・リチャーズ Graham Richards の広範な歴史的研究（Graham Richards, 1987, 1989, 1992）は、現代心理学は段階的に出現したという考えを示唆している。彼は心理学的対象を表現するような言語が発達してゆく最初の過程を、詳細に説明した。その過程をへて、それらの心理学的対象は、ディシプリン化（制度化・規律化）された研究と実験的介入の対象となった。実際上、そうした心理学の実践こそが、それらの対象を再構成したのである。本書で私は、ディシプリンとしての心理学をその研究主題と区別すべきだというリチャーズの提案を受け入れ、前者には「ディシプリンとしての心理学」という表現を用い、後者には単純に「心理学」という言葉で表すことにした[22]。

第五章から第九章は本書の中心である。これらの諸章で、アメリカ心理学の歴史と密接に絡み合いながら発展した多くのカテゴリーの由来を検討する。心理学というディシプリンはひとつではなく、複数の多元的な起源をもつと私は考えているのだが（Danziger, 1990a）、これについては多少の説明が必要だろう。ヨーロッパ以外の諸地域の心理学については言うまでもないことだが、おそらくアメリカとヨーロッパ大陸の心理学的言説のあいだにも根本的な差異が存在する。二〇世紀半ばまでは、ひとつではなく複数の心理学的言語が存在しており、それぞれが固有の歴史をもっていた。しかし第二次世界大戦後に、アメリカ心理学の言語が事実上あらゆるところで用いられるようになった。この状況はごく最近になって、ようやく変わりはじめたにすぎない。だから、アメリカ心理学の言語が、心理学というディシプリンの歴史にとってとくに重要な位置を占めているのである。概念の歴史を研究するには、ここから検討をはじめるのが好都合である。その上で、将来にはほかの心理学的言語との比較研究が待ち望まれているのである。

もちろん、アメリカにただひとつの心理学的言語しか存在しなかったなどという記述は、事実を歪曲している。アメリカ心理学にはつねに公式言語以外の言語を用いようとする反対者たちが存在した。しかしアメリカ型心理学の顕著な特徴として、すくなくとも一定の期間は高度に均質的な言説が支配していたことが指摘されなければならない。この支配的言説の形態を名づけるとするなら、それは「行動的 behavioural」なものと名づけるべきである。大部分のアメリカの心理学者が、はっきりと理論的にコミットメントした行動主義者だったというのではない。どのような理論的立場をとっていたにせよ、大半のアメリカの心理学者は行動主義の多くの前提を認め、かつそれらを当然視してある特定の用語を使用する構えができていたのである。このプロセスを以下の諸章、とくに第六章と第九章で詳細に分析する。

二〇世紀の大部分のあいだ、アメリカ心理学がある特定の形態をもつ言説によって支配されたという事実から、本書で検討する心理学的カテゴリーを選択する基準が導き出される。心理学的カテゴリーの歴史は広大であり、取り上げるカテゴリーを選択しなければならない。私は「行動的」言説の歴史と緊密な関係をもつカテゴリーを選んだ。[23] 第六章がそうである。第六章では第一に現代的な「行動」のカテゴリーの出現と確立の過程をたどり、ついで「学習」を検討する。後者は抽象化による心理学の新しい研究領域の生成を含んでいたが、本質的に成算のない試みだった。他方、「行動」の物語はもっと複雑である。そのルーツは、「心とは、（何らかの心でないものにおいて読み取られるのではなく）何らかの心ではないものから推測される対象である」[24]という古くからある心の概念にまでさかのぼる。しかし新たに誕生した社会科学的言説において「行動」が中心を担うようになると、そのカテゴリーは最初の起源をはるかに越えて、広範な意味と機能を獲得した。

第七章では、心理学の外部からの実践的要請がきわめて強い影響をあたえた二つのカテゴリーに焦点を当てる。「学習」と同じように「動機づけ」は、きわめて多様な現象を抽象して、その結果を物象化することによってもたらされた新しい概念だった。その概念は、企業経営の領域にルーツをもっており、当初から管理運営を指向する傾向があった。一方「パーソナリティ」という概念は、二〇世紀の初期に指示対象を変えている。それは、事実上、以前に意味したものとは正反対のことを意味するようになった。パーソナリティ概念も実践的な領域、とくに当時、心理学者が関与しはじめていた人員選抜と教育の領域から（ディシプリンとしての）心理学へと入ってきたのである。こうした新しい領域に理論的な焦点を提供するために、「動因 drive」や「要求 need」のような概念が作られたのである。

第八章は、社会心理学の主要なテーマである「態度」のカテゴリーをあつかっている。態度についての内観的研究は急速に廃れて、社会学から導入された「社会的態度」の概念がそれに取って代わった。市場調査の技法を応用した心理学者たちは、それを厳密に個人内のものとして解釈し、態度の測定法を開発することによって、このカテゴリーを自分のディシプリンへと首尾よく組み入れたのである。その過程では「社会的刺激」という概念を、以前からあった物理的・生物学的事象としての刺激の概念へと同化する必要があった。第八章の最後の部分では、「社会的態度」の概念と、第二次大戦後の短い期間、社会心理学に現れたイデオロギーの概念の相違について考察する。

第九章では、心理学的言説の最も一般的な諸カテゴリーを検討する。まず刺激と反応を、次に「変数 variable」を取り上げる。これらのカテゴリーは、一種のメタ言語として機能していて、さまざまな学派の心理学的思想が、経験的比較を行うためにこのメタ言語に翻訳された。これらのカテゴリーは、ある種の統計的手法を用いた実験的研究から生じたものであり、その結果として、あらゆる心理学的実在の表現にそうした研究実践の形態が押しつけられたのである。この章ではとくに、「変数」のカテゴリーの歴史をたどる。統計的研究において生まれた「変数」は心理学理論の「媒介変数 intervening variable」となり、心理工学の言語においてキータームとして機能した。これは、第五章以降のすべての章に関わってくるが、あるテーマが最終的な発達段階に到達したことを示している。そのテーマとは、心理学的カテゴリーの意味を心理学者の研究実践によって定める傾向のことである。

最後の第一〇章は、以前の諸章で検討した主題をひとつに集め、このイントロダクションで提起した問題を再び考察する。心理学的カテゴリーを「自然種」と見なしうるかどうか、それがカテゴリーとは独立に存在する心理学的現実の構造を写しとっているかどうか、という問題が中心テーマである。これらのカテゴリーとそれらが担う指示的役割を社会的文脈のなかに位置づけて考察し、最終的にそれらの問題に対して否定的な解答をあたえることになる。

本書はアメリカ心理学の「行動的」言説で重んじられた諸カテゴリーに関心を集中しており、その意味で本書の焦点は、特殊で時代的にもかぎられたものである。それらのカテゴリーはすべて、一九二〇年代から四〇年代頃に現在のようなものになった。だから、本書では、この時代に最も注目したのである。第六章から第九章までの題材の大部分は、この時期に関するものである。一九二〇年代から四〇年代に、アメリカ心理学は自らの言語を見出した。この時期の前に刊行されたテキストと、その終わり頃に刊行されたテキストと比較すれば、顕著な変化が起きたことが分かる。心理学というディシプリンの主題を定義する諸カテゴリーはまさに非連続である。本書やほかの研究が検討する、この時期以後のテキストで展開された諸カテゴリーの大部分は、まだ初期のテキストには現れていない。この時代のあいだに心理学は自らの主題を再定義したのである。しかしこれは、単純に「意識」から「行動」へと推移したといった問題ではない。そこでは「パーソナリティ」や「社会的態度」のようなまったく新しい領域が不意に出現し、ほかの領域（たとえば「意志」）が消え去っていった。これとは対照的に、次の三〇年間、あるいは五〇年間のテキストを比較すると、カテゴリー言語の変化はずっと小さい。関心の対象となった現象についての理論には変化があった。しかし「認知」という注目すべきカテゴリーを別にすれば、種々の現象の区別は今日でも本質的に同じカテゴリーに基づいている。

一九一〇年頃から一九四〇年頃までの三〇年間は、革命的な変化の時代だった。それが革命的だったのは、現象を説明する理論が変化したからではなく、説明されるべき現象自体が変化したからである。現象を定義するカテゴリーが変わったから、現象が変わったのである。新しいカテゴリーが創出された歴史的経緯は、第六章から第九章で検討する。それより少し早くアメリカ以外で現れた「知能」という概念については、第五章で考察する。もちろん新しいカテゴリーにもそれぞれの出自があって、どこからか生まれてくる。そうした「前史」が第四章の主題である。本研究の歴史的視座は、心理学にとってとくに重要な歴史的な時期から得られた。この時代には後の時代に当然視されるようになった概念的区分が、いまだ取り決めの最中だったのである。この取り決めの過程は一九五〇年代にはほぼ終了したのだが、本研究であつかうのはこの時代までである。ここから、比較的安定した「標準化」の時代がはじまった。それ以後にも多くの発展があった。しかし、それらの発展は、心理学的言説を支配する諸カテゴリーの性質に影響をあたえなかったか、あるいは、心理学の歴史のなかに新時代の到来を告げたかのどちらかである。その発展が本当に心理学の歴史を画するものか、あるいはただ古いワインを新しいビンに入れただけなのか。現在までの心理学の歴史を綿密に検討しないかぎり、この問題に答えることはできない。

第二章　古代の哲学者たち

数年前に、科学史学会誌の『イシス Isis』は、「古代科学の文化」という特集号を組んだ。この特集号の論文の多くは、「ギリシャ科学」と現代科学の関係に焦点を当てていた（Lloyd, 1992 ; Pingree, 1992 ; von Staden, 1992）。そこにおいて完全にコンセンサスが得られていたことは、現代の歴史研究の考えは、科学を発明したのは古代ギリシャ人だという一九世紀や二〇世紀初頭の見解とはまったく相容れないということである。「科学」という言葉の意味が変わったばかりではなく、そのカテゴリーのすべてが根本的に変わってしまっているし、古代ギリシャと現在とではほとんどあるいはまったく連続性が見出せないのである。今日の私たちは、古代ギリシャ人たちのなかに自分たちの考えの似非の起源をもとめるのではなく、彼らの考え方を彼らの考えに即して受け入れられるようになっている。古代の科学はそれ自身としてすばらしいのである。古代の科学が現代の考えを、発想として「先取り」していると見なすならば，西欧の起源に関する危険な神話のためにそれを利用したことになってしまう。

第一章ですでに示したように，私たちは，心理学の歴史記述においても同じ問題に直面している。アリストテレス Aristotle は，『魂について』という著作の作者であるがゆえに，心理学を体系的に論じた最初の人だと長いあいだ信じられてきた。心理学史の教科書はどれを見てもギリシャからはじめているが，それは次の事実を無視している。すなわち，現代的な意味での「心理学」は古代の科学とは違った対象領域を研究しており，「心理学」という概念そのものが一八世紀以前に存在したとは，まず言えないことである（第三章参照）。

歴史の連続性について強く疑いがかかっているにもかかわらず，この問題に無頓着になってしまうのは，古代のカテゴリーと現代のカテゴリーとを無批判に同一視しているからである。しかし，それらのカテゴリーがギリシャ語からラテン語に翻訳され，ラテン語からさまざまな現代語に翻訳されたときに，アリストテレスとその同僚が用いていたカテゴリーは，その意味を根本的に変えてしまったのである。ひとつの言語が数世紀のあいだに変化してしまうことについては言うまでもない。したがって，アリストテレスのプシケーはラテン語の翻訳者が用いたアニマのことではないし，中世における魂 soul はそれらとはもっと異なるものであり，現代の心 mind については言うまでもない。「心」よりも下位のカテゴリーに関しても，それらが属している概念のネットワークが全体として変化したことによって，根本的な変化を被ってきたのである（Danziger, 1990b）。

このように、古代を心理学用語の歴史から外してしまうことには強い根拠がある。しかしながら、この問題にすくなくともいくらかの注意をはらう理由もある。第一の理由は、心理学の歴史記述において不幸な伝統が存在していることである。すでに述べたことだが、その伝統は歴史の連続性をあまりに重んじすぎているので、バランスをとるためにはいくつかのかなりはっきりとした非連続性を主張すべきである。私は、原則的に言えば歴史がひとつの連続体であることを否定するつもりはない。しかし、連続性は当然の前提とされるべきではなく厳密に論証されるべきであり、この章で取りあげられる例が論証されていないことは確かだという立場をとっている。

古代にあまり紙面を使わない第二の理由はもっと重要である。歴史が連続しているという古くからの思い込みがすっかりなくなったとしても、この理由は有効でありつづけるだろう。今日の私たちは、世界のほかの文化に関する知識が自分自身について非常に多くを教えてくれることを認めている。自分たちと彼らのあいだの違いを学ぶことで、私たちは彼らの世界についての認識ばかりか自分たち自身についての認識も得ることができる。自分自身の文化は自明視されていて、それに気がつくことさえないけれども、比較によってそのいくつかの側面が自覚され、私たち自身についての見方を変えてしまう。私たちは、社会人類学をそうした認識をあたえるものだと考えている。しかし、私たちにとって「他者」としての意味をもっていて、普通は人類学者ではなく歴史学者によって研究されている文化が存在するのである。これらの文化は、空間的ではなく時間的に私たちから隔てられていて、それを研究する方法も幾分か異なっている。私たちはその社会の成員にインタビューしたり観察したりはできないけれども、彼らが残した文献と遺物は概念的にも物質的にも魅惑的なまでに異なった世界に入ることを可能にしてくれる。それは、「行動科学」の領域に生じている、大きな危険の有効な防御策となるだろう。その危険とは、歴史的には偶然の産物にすぎず、文化的にはローカルにすぎないカテゴリーが、永遠の妥当性をもった普遍的な原則だと勘違いする危険である。

現代的な意味での心理学が生まれるために不可欠の概念的な転換が、約三〇〇年前にはじまった。心理学史の観点から見れば、これは革命的な進歩であった。この転換以前には現代心理学のようなものは発想不可能であり、この転換後にそれが可能となったのである。この時代以前には、現代的な意味での心理学が成立しうるようなカテゴリー・ネットワークは存在しなかった。次の章では、新しく登場してきたカテゴリーの枠組みを説明するが、その枠組みによって二〇世紀に至るまでの連続的な発展が可能となるのである。ただ、この枠組みは現代の文化のなかにあまりに深く組み込まれているせいで、自明と考えられたり当然視されたりする傾向があって、その外に出ることが難しくなっている。新しいカテゴリーの枠組みがそれ以前の非常に異なった枠組みに取って代わったという事実の重要性を認識するためには、たとえ簡略であっても、時代をさかのぼってかつて存在したほかのいくつかの概念枠を理解してみる必要がある。

このささやかな目的を達するために、とくに、相互に関連した三つの問題をとりあげることにする。第一に、人間が自分自身を研究対象にできるかという問題がある。いわゆる「心理学の古代の起源」に関する多くの混乱の背後には、この問題が潜んでいる。心理学の言説は次のことを仮定している。

郵便はがき

恐縮ですが切手をお貼り下さい

112-0005

東京都文京区
水道二丁目一番一号

勁草書房
愛読者カード係

（小社へのご意見・ご要望などお知らせください。）


本カードをお送りいただいた方に「総合図書目録」をお送りいたします。

HPを開いております。ご利用下さい。http://www.keisoshobo.co.jp
裏面の「書籍注文書」を小社刊行図書のご注文にご利用ください。

より早く、確実にご指定の書店でお求めいただけます。

近くに書店がない場合は宅配便で直送いたします。配達時に商品と引換えに、本代と送料をお支払い下さい。送料は、何冊でも1件につき210円です。（2003年4月現在）

愛読者カード

19937-7　C3311

シリーズ認知と文化 1

本書名　心を名づけること　上

お名前（ふりがな）　　　　　　　　　　　　（　　　歳）

ご職業

ご住所　〒　　　　　　　　　　電話（　　　）　　－

メールアドレス

メールマガジン配信ご希望の方は、アドレスをご記入下さい。

本書を何でお知りになりましたか　　書店店頭（　　　　　書店）

http://www.keisoshobo.co.jp

目録、書評、チラシ、その他（　　　）新聞広告（　　　　　新聞）

本書についてご意見・ご感想をお聞かせ下さい。(ご返事の一部はホームページにも掲載いたします。)

◇書籍注文書◇

最寄りご指定書店	
市　　町（区）	(書名)　　　　¥　　（　　）部
	(書名)　　　　¥　　（　　）部
書店	(書名)　　　　¥　　（　　）部
	(書名)　　　　¥　　（　　）部

すなわち、個人はある意味で自分を対象として語ることを学んでおり、個人は自分自身の心理状態を内観すること、あるいは自分自身の行為を自己意識的にモニターし、共通の言語によって自分の性格を記述することを学んでいると仮定しているのである。これらはすべて心理学的な自己対象化の例である。私たちにとってそれらはとても馴染みのある例である。私たちは、あらゆる自己対象化の言説は必然的に心理学的な言説である、と思い込んでしまいがちである。それゆえ、あらゆる自己対象化を心理学的に解釈してしまう誘惑から身を慎む必要がある。これは、心理学の古代の起源に関する歴史的論述の多くが犯しがちな誤りである。たしかに、古代の哲学者は反省的な思考や行為の仕方を発達させた。しかし、それらが現代心理学で言う「反省」にどれほど近いものであるかは、それらのギリシャにおける実践を観察することによってのみ見極めることができるだろう。

注意すべき二つ目の問題は、理性 reason の問題である。なぜなら、人間に関する古代的な概念と現代の概念のいくつかの根本的な相違は、この理性というカテゴリーに関わってくるからである。それらの相違については次章で論じることにする。ここでは、人間の推論に関連する古代の語彙のなかから分かりやすい実例をとりあげて、論拠を用意するだけで十分だろう。それらの実例はすべて、歴史的に唯一重要な文献、つまりアリストテレスの諸著作からとることにする。彼の著作の内容は、次章で論じる概念的な転換が生じる直前の時代まで強い影響力をもっていたのである。

理性は、それをめぐって古代の自己対象化の言説が展開するひとつの軸をなしているが、他方で、感情 affections や情念 passions はもうひとつの軸をなしている。それらは、おそらく古代ギリシャ・ローマのテキストのなかで最もはっきりとした「心理学的な」カテゴリーである。けれども、現代心理学のカテゴリーが確立されはじめたまさにそのときに、それらの古典的カテゴリーは消え去り消滅したのである。この非連続性の理由については次章でくわしく説明する。ここでは、近代における心理学の発展について考察しはじめるに当たって、必要な情報をとりあげるだけにとどめておこう。(1)

1　自己自身にとっての対象としての人格

心理学的カテゴリーの使用を区別するひとつの方法として、人称性による仕方がある（Shotter, 1990）。たとえば、私たちは、個人的な意図に言及して自分の行為を説明するときには、一人称によって説明している。また私たちは、二人称によって他の人に話しかけ、その人にある信念や恐怖心などを帰属させるだろう。あるいは、私たちは、ある個人あるいはある個人に関する事柄を記述するのに、ちょうど他の種類の対象を記述するのと同じように三人称で語ることもできる。すでに示したように、本書の関心は、客観的な記述様式において用いられているカテゴリーがどのように生じるのかにある。

私たちの身近には、そうした客観的なカテゴリーが溢れていて、私たちはそれらをただちに一人称や二人称の形に変換している。誰もが、自分や自分のパートナーは「外向的」だとか、「依存欲求」があるとか言っているのではないだろうか。ここに見られるのは、自明視されるようになったある種の自己対象化である。しかしそれらは、これまでずっと自明視されてきたと考えるべきではない。ホメロスなどの古代ギリシャのテキストを注意深く読めば、登場人物の内的な心理状態についての言及がないこと（Jaynes, 1976；Snell, 1953）、そして「非反省的〝自己〟意識」と呼ばれてきたもの（Sullivan, 1988）に驚くであろう。その時代では自己対象化は素朴なものであるか、あるいは私たちにとってきわめて異質な形をとっているように思われる。衝動的なホメロスの主人公と、知的に洗練されたアリストテレスの弟子たちのあいだにははなはだしい距離がある。どのような心理学的な変化がこうした変化に関連しているのだろうか。

古代ギリシャ・ローマ人は、自己対象化への重要な一歩を踏み出したかもしれない。しかしこのことは、彼らが対象としての自己を構成するために用いていた特定のカテゴリーが、私たちが現在知っている心理学的カテゴリーと似たようなものであることを意味しない。心理学史のなかでしばしば犯されてきた間違いとは、すべての自己対象化とは必然的・本質的に心理学的なのだと仮定することである。こうした仮定は、古代ギリシャの場合には当てはまらないことがはっきりしている。というのも、彼らの言語には、自己対象化に関する近代的言説には不可欠の用語が実質的にまったく欠けているからである。ギリシャには、「自己 self」「心 mind」「意識 consciousness」に相当する用語が存在しない。そのほかの重要な用語も、私たちが近代になって獲得した意味とはかなり違った意味で用いられている（Wilkes, 1988）。たとえば、「プシケー」あるいは魂は、木や磁力物質でさえもっているような性質だった。このことは、ギリシャ人は今日理解されているような意味で「自己」についての言説を構成していたなどと単純に思い込んでしまうと、ギリシャの古典的なテキストをとんでもなく誤解してしまう危険性があることを意味している。

ミシェル・フーコー Michel Foucault（1986）は、倫理的な主体が歴史的にどのように構成されたかを探求するときに、自己への配慮という問題に関する相当量の古代ギリシャ・ローマの文献に関心を注いだ。それらの文献は、よい人生、すなわち生きるに値する人生をおくるために、いかにして行動するかについての非常に広範な書物体系の一部をなしている。そうした人生の探求は、自分自身の行動についての反省的な吟味を必要とする。しかし、自分自身の行動を詮議の対象にすることは、実体的な自己とその行為を区別することを意味するわけではない。そうした区別をするには、ある個人の行為と、行為の背後に存在する何らかの実体を明確に区別しなければならないだろう。私たちがギリシャの古典文献から得ることができるのは、「自己に配慮する（epimeleia sautou）」という反省の形である。フーコーの著作『性の歴史　第三巻』の副題「自己への配慮」は、実体的な自己概念をふくんでいるように思えるけれども、それは著者の意図するところではない。「自己への配慮とは活動への配慮であり、実体としての魂への配慮ではない」（Foucault, 1988：25）。フーコーの第一の関心は、倫理的な主体という意味での「自己」がどのように歴史的に構成されたかにある。しかし彼は、おもに自己配慮 self-care に関連する文献を分析することによってこの問題にアプローチしている。したがって、フーコーは「自己」という言葉を二重の意味で使っているのである。第一に、それは道徳的行為のために要請される主体を指しており、第二に、関連する古典文献のなかで論じられている

「自己」を指している。後に検討するが，後者は現代的で心理学的な自己概念とは異なっている。

フーコーは，人がだんだん自分自身の対象となってゆく過程のいくつかの特徴をつきとめている。自己を知るという古代の理想は，自分に対して特定の行為を実践するという文脈のなかで発達したのであり，フーコーはそれを「自己のテクノロジー」として論じている（Foucault, 1988）。そうしたテクノロジーには，たとえば，日記をつける，友人に手紙を書くことなどがふくまれており，ある程度の自己開示が体系的にもくろまれていた。しかし，そこでの自己開示の程度を誇張しないように注意しなければならない。つまり，この種の書き物は，「あなたがしたことを強調するのであって，あなたが考えたことを強調するのではない」（Foucault, 1988 : 30）。それは作者の過去と未来の行為を対象としているのであり，これらの行為を超えた実体としての作者を対象としているわけではない。

自分自身の行為を対象にする際には，人は社会的な実践に参加しているのだということにも注意すべきである。このことは手紙を書く場合にきわめて明らかである。日記をつけるということは，形式と内容に関して既存のルールに従うことであり，しばしば他人との想像上のあるいは延長されたコミュニケーションを行うことである。これはきわめて一般に見られることだが，自己反省は，コミュニケーションの相手としてとくに適していると思われる他人に導かれながら行われる。こうした関係性の最初のモデルは，プラトンの対話篇，とりわけ，ソクラテスが若者の自己改善を導いてあげている『アルキビアデスI』にはっきりと示されている。自己吟味のためのコンテキストは教育的である。しかし自己への配慮が，医学的な思想や実践のなかで行われる伝統も存在している（Foucault,

1986：54ff.)。したがって、強力なメタファーの枠組みが二つ存在し、そのなかで自己概念が発展してきたのである。ひとつは教育的メタファーであり、そのなかで自己は無知や混乱の在り処として、すなわち訓練や教示をすべき対象として現れた。もうひとつは医学的なメタファーであり、そこで自己は病や虚弱や傷つきやすさの在り処として現れ、治療の対象となった。

これらの社会的コンテキストがあたえてくれるのは、ある人間の行為を吟味する視点である。自分の行為を反省するにしても、より広い枠組みからその吟味がなされるのでなければ古臭い因習をさらに強固にすること以上にはならないだろう。教育的・医学的な実践から導かれてくるメタファーは、ある人の行為ではなくその人自身を対象とするような認識の枠組みを提供する。

ひとたびこうしたことが起こると、ある人物の一部分を善良さと知恵の特別の貯蔵庫として分離し、物象化してゆく傾向が生じてくる。すでに述べたソクラテスとアルキビアデスの対話には、この傾向をはっきりと見てとることができる。「私が自分をどんな仕方で気遣っているか、君が私に説明してくれないだろうか」とアルキビアデスは問う（Jowett, 1892：503)。ソクラテスは、自己に関する後世の言説において今日に至るまで何度となく繰り返されるメタファーを引き合いにだす。それは鏡のメタファーである。ソクラテスは、自分自身を知ろうとしている人を、自分自身を見ている目に喩える。そしてそのことは、鏡を使ってのみ為しうる。しかしそれは非常に特殊な鏡だけに可能となるだろう。すなわち、他者の目という鏡である。「もし目が自分自身を見るのであれば、それは目を見るはずである。しかも、目の能力である視覚に収まっている部分こそが見えるはずである」（Jowett,

1892：505)。ソクラテスが示唆していることは、ちょうど視力が目という特定の器官に備わっているように、道徳的な徳（力）も、人の特定の部分に備わっているということである。もし人が人生の道徳的な質を高めたいのであれば、吟味しなければならないのはこの特別な部分であって世俗的な行いではない。言いかえれば、人物の一部分が、自分からも他者からも観察され手を入れられる永続的な対象として特徴づけられるようになったのである。

こうした言説において、人格 persons はたしかに自己自身の対象となった。しかし、それを自己の現代的な概念と混同しないように注意しなければならない。第一に、私たちは、現代において強迫観念となっているものへの関心を見過ごしている。その強迫観念とは個人性の問題、すなわち、人格の同一性を確保し、個人を相互に弁別しあうような独特の特徴の問題である。古代の「魂」に備わっている徳には、単独の自己、個人化された潜在性を十分に実現する能力はない。むしろ魂とは、世界に内在している秩序を発見し、それに適合する可能性のことである。

第二に、古代ギリシャ・ローマ時代の作者たちは、人格の核心の表現を、現代人がそうしがちなように個人のプライベートな内面生活のなかに求めることはしない。彼らはそれを公的生活に求める。しかし古代後期において、とくにストア派のあいだには、この例外が存在した。ストア派は、自己自身と接触する方法として世界から一時的に身を引くことを推奨していたのである。だがいずれにせよ、古代においては、私たちがやり慣れているような仕方で公的領域と私的領域をはっきりと区別することはしなかった。それゆえ、この時代の「自己のテクノロジー」の発展には明確な限界が存在する。

たとえば、自伝は、実質上まだ存在せず、その類のもので現存しているいくつかの例も、生涯にわたって存続する唯一のプライベートな自己を対象としているわけではない（Weintraub, 1978）。

以上に見てきた自己対象化が生まれてくる社会的コンテキストには、これといった宗教的要素がふくまれていない。しかしそのことは、社会的コンテキストに宗教的要素が存在しなかったということを意味しているのではない。ただ、宗教的要素は、それが宗教的な実践や儀式などの意味を規定しているようには、それらの社会状況の意味を規定してはいなかったのである。また、そのことは、ある種の自己対象化が宗教的なコンテキストのなかでは発展しなかったということを意味するのでもない。しかし、宗教的な自己対象化と、現代における人格の自然主義的概念の相違は随分前から認められてきた。古代ギリシャ・ローマ人が、私たちの自然主義の先駆として魅力的に写るのは、彼らが最も自然主義的な姿をみせたときである。不幸なことに、ギリシャ・ローマ時代と現代の親近性によって、彼らの自然主義と私たちの自然主義をあまりに安易に混同してしまいがちである。私たちの自然主義は、ある種の物理主義に緊密に結びついているが、それは、物理的なものと心的なもの、身体と意識を厳密に分離することから生じてきた考え方である。そうした分離は、ギリシャ・ローマの文献にはまったく無縁である。したがって、事物の「一次的」で物理的な性質と、「二次的」で心的な性質のあいだの区別なども存在しない。物理的性質と同じように、美的・道徳的性質も客観的世界の秩序の一部をなしている。一方で客観的で物理的なもの、他方で主観的で心的なものといった集合があるわけではない。こうした特徴は、理性に関するアリストテレスのカテゴリーに現れており、これについて以下で見てみることにする。

2　理　性

アリストテレスは、人間のプシケーのなかで動物のプシケーと共通した特徴と、人間のみの特徴を基本的に区別した。彼の著作をラテン語に翻訳した者や解説者は、通常、後者をインテレクトゥス intellectus という用語で表現した。この用語法は、アリストテレス主義のスコラ哲学をへて、近代初期まで存続した。「インテレクト intellect」は、とくに人間の属性であり、人間以下のレベルの動物にも見出せる属性とは根本的に異なっている。この属性は、しばしば、論理的推論や概念的思考、抽象的思考といった人間の能力と同一視されていた。

しかし重要な点は、このカテゴリーが、事物の合理的な秩序と、その秩序を理解する人間の能力の両方を指していることである。ギリシャ語のヌースは、ラテン語で「インテレクトゥス」と翻訳されてきたが、それは、人間の魂のなかにあって客観的理性（ロゴス）、すなわち世界の合理的な秩序に与っている何かとして定義されていた。近代初期においては、宇宙の創造者を「神聖なる知性 devine intelligence」と呼び習わしていたが、そこには、このギリシャ的概念の残響を聞きとることができよう。そうした知性の目的論的な解釈は、人間の能力とその能力が行使される世界の特徴を、ひとつのカテゴリーにまとめようとする思考方法に基づいている。アリストテレスは以下のように考える。

思考する作用であることと思考の対象であることとは、同じものではない。けれども、ある場合では、知識は対象である。制作的な学問における……本質という意味での実体と、理論的な学問における思考の公式ないし行為は、対象である。思考と思考の対象は、質料をもたない事物の場合では異ならないように、それらは同じであろう。たとえば、思考がその思考の対象とひとつでありうるのだ。（Aristotle, 1984, Ⅱ：1698-1699）

ヌースの認識対象は、それによって世界が構成される根本的な原理である。個々の知性に、世界の「理解可能な対象」が対応している。そして、その知性を働かせることによってそれらの対象は個人のなかに生かされる。ヌースに内容をあたえる対象の理解なくしては、ヌースの理解はありえないだろう。知性の古代ギリシャ・ローマ的、アリストテレス的概念は、世界の「正しく」必然的な秩序という信念に依存している。そうした秩序の原理は、偶然に生じた経験、すなわち、それとは違った形で生じることもありえた事柄からは区別されるべきである。これらの原理が個人によって把握されるかぎり、個人の知性は作動していると言えるであろう。

次章で見るように、近代ではそれとは非常に異なった理性の概念が、アリストテレス的な理性概念にとってかわる。つまり、知的活動を純粋に道具的なものとして捉える考え方が生まれてくるのである。理性がなしうることは個人的な目的を達成するための最善の手段を見つけ出すことであり、最善の目的を発見することではない。この図式のなかでは、ヌースというギリシャ・ローマ的概念に対応するようなものは存在しない。合理性は世界に属しているのではなく、個人にだけ属しているのである。事物はあるがままに存在しているが、人間はそれをうまく利用する能力がある。当然の成り行きとして、この能力は個人における生物学的性向の一部と見なされるようになるだろう。このように見なされるようになると、人々は、知性をある種の装置として、すなわち個人的な目的に奉仕するために使われる腕や足のような道具として考えるようになるのはまず当然のことであった。そうした観念は、古代ギリシャ・ローマ的な見方に慣れた人にとっては、まったく奇妙に思えたことだろう。

以上のような観点から見れば、近代的な知性の概念は、実のところ、理性の道具性という先行概念に基づいており、それは、知性と単なる利口さのあいだの重大な区別を見失っているように思われる。ギリシャ語のヌースを知性と翻訳してよいならば、知性と単なる利口さとの区別はすでにアリストテレスのなかにも見だせる。アリストテレスは、もうひとつの人間の特質であるディノテス deinotes も認めていたのであり、それは通常、「利口さ」と訳されている。そこで、ディノテスは、「私たちが自分のために定めた目的へと続いている行程を実行し、目的に到達するための力」と定義されており (Aristotle, 1962 : 1144a25)、それは道具的理性という近代的な概念をかなりの度合いで髣髴とさせる。単に利口なだけの人間は、あたえられた目的を達成するのに最も効果的な方法をどう選択すればよいかについては知っているかもしれないが、目的そのものを理性的に評価する段になると愚かである。もちろん、これは、アリストテレス的ヌースが現れるようにするにはどうしたらよいかという問題ではない。そのヌースでさえ限界をもっているのである。ヌースは、抽象物、すなわち「第一原理」の理解力として定義されている。この定義はよいとしても、アリストテレスは、知的に生きることには抽象的な理解力以上のものがあることも知っていた。よって、さらなる区別が導入されねばならない。そのひとつは、「知性」を学問的分野にではなく、日常生活のものごとに関係しているカテゴリーへと導いてゆく。それはフロネシス phronesis（思慮）というカテゴリーであり、現代英語にはこれに対応する言葉がない。

ギリシャの都市国家の住人とは異なり、中世にギリシャ哲学のカテゴリーを解釈した僧侶たちは、実践的あるいは政治的な知性よりも理論的な知性に夢中になる傾向があった。後世の学者もしばしば同様の傾向をもっている。そのせいで、「知的」能力というテーマについてのアカデミックな著作と、「知性」という言葉の日常的な意味とのあいだに奇妙な乖離が進んでしまった。[2] 後者について、チャールズ・スピアマン Charles Spearman（1923 : 19）は、かなり示唆に富んだ言い方で「市井の心理学にゆだねられた」意味と表現している。（彼は自分自身を、この哀れな浮浪者（＝日常的な意味での「知性」）にアカデミックな地位をあたえる高貴な救助者と見なしていた。）しかしながら、ギリシャ・ローマの文典に目を戻すならば、実践的知性に関するまったく異なった評価を見出すだろう。人間の優れた点は、抽象的思考におけるのと同じ程度、行為においても示されるものであり、そのどちらの場合にも、目的達成のためには理性の操作を必要とするだろう。しかし、その操作は同じ仕方によって行われるのではない。科学や哲学における理論構築は個別から抽象へと進むが、人間の行動はつねに特定の状況で生じる。そのため、最も驚くべき抽象的思考でさえも、適切に行為するためにかならずしも役立つとはかぎらないのである。私たちは、個々の状況に対して適切に対応する能力をもつ必要があり、それゆえ「良識 good sense」をもつ必要がある。何人かのアリストテレスの翻訳者は、その「良識」という言葉をフロネシス（思慮）に最も近いものだと考えている。ヌースは、後世における知性というカテゴリーのプロトタイプであり、それは、とくに社会的性格をもたない事象（たとえば、数学的抽象のような）にたいする洞察力を意味することもしばしばであった。その一方で、フロネシスは徹頭徹尾、社会的である。フロネシスが実践される典型的な例とは、政治的な行為である。おそらくそれゆえに、フロネシスという言葉は後世に何の影響ももたなかった。というのも、後世の政治経験では、アテネの民主主義よりも良識がはたらく余地ははるかに少なかったからである。

しかし日常的な言葉使いにおいては、「知性」という特性は、フロネシスの概念を思い起こさせるような仕方で用いられるようになった。知的な政策、知的な決定をしている人、状況を知的に運営すること、などについて語ることはきわめて適切である。知性に関する二〇世紀の心理学の概念は、一般の人々からはしばしば懐疑をもって迎えられたが、その理由のひとつは、心理学的概念がフロネシス的な知性をカバーできないというあからさまな失敗のせいである。

アリストテレスは、聴衆にとってなじみのある、人間の長所に関する談話の本質的な意味を理論的にとらえようとした。理論的知性と実践的良識のあいだの区別は、そのための複雑な概念のネットワークの一部分をなすにすぎない（Reeve, 1992 : ch. 2 ; Sparshott, 1994 : 196-237）。それらの概念のなかで最も有意義なものは、ソフィア（叡智・智慧）と、物の制作に必要とされるテクネー（技術・技）である。このほかの興味ぶかい区別としては、自発的に思考できる魂の合理的な部分と、理性をただ受け入れるだけの部分のあいだの区別である。生まれつきの奴隷は後者だけをもち、前者をもたないという。

アリストテレスの理性概念は広大な領域を開拓しており、ここではそのほんの一部を示しただけである。[3] しかし、それらだけでも、豊かな概念的風景を垣間見せてくれるには十分であったはずだし、その風景の特徴と輪郭が、近代心理学に見られるものとまったく異なっていることを示すにも十分であったはずである。一七世紀になっても、人間の理性について考察するときには、基本的にはアリストテレス的な概念のネットワークが、いまだ学問的に正当なものと見なされていた。このアリストテレス的な概念を背景としながら、近代的発展の重要な特徴がハイライトをあびることになるのである。

3　アリストテレスにおける感情

先ほどフーコーを追いながら、古代における自己への配慮の実践においては、個人が自分自身の視線の対象となることに着目しておいた。こうしたコンテキストのなかでは、人間の人格という概念は、必然的に、二重の特徴をもったものになる。一方で、個人が改善やよりよい理解やよりよい配慮への欲望 desire をもっていることを理解できるような概念がなければならない。そうした概念は一般的に個人の合理性に言及している。しかし他方で、改善の対象であり制御の対象となっているような、個人のある側面を理解することも必要である。これらの側面は、感情 affections あるいは情念 passions として知られている。それらは、人に降りかかってくるものとして経験される。それらは、よりよい合理的な判断に取って代わり、人を捕らえてしまうものである。

アリストテレスの著作においては、そうした人格の側面は三つの異なった場所で、三つの異なったコンテキストを提示しながら議論される。すなわち、『修辞学』（レトリック）、『ニコマコス倫理学』、そして『魂について』（デ・アニマ）である。(4) これらの著作を比較すると、それぞれの著作がこのテーマを異なった仕方で扱っているのが分かる。どの場合でも言説的文脈が内容を定めている。

『修辞学』は、法廷や政治的会合における説得の原理がテーマになっている。この目的のために、『修辞学』では、「情動 emotions とは、人間の判断に影響をあたえるような仕方で人間を変えるすべての感覚、そして痛みないし喜びにも伴うすべての感覚のことである」と論じられている（Aristotle, 1984：II, 2195）。ここで、ある種の物事をひとつのグループにまとめている基準は、それらがみな人々の判断に影響をあたえる、ということにある。そこでは、判断と、それに影響をあたえるある種の感覚とが、暗黙のうちに区別されている。アリストテレスの著作はそれらの感覚を数えあげて、そのほとんどを二極化して特徴づけている。こうして、怒りと静かさ、友情と憎悪、恐怖と信頼、恥と恥知らず、親切さと不親切さ、同情と憤慨、ねたみと対抗心といった区別があたえられる。「情動」

の選択は、公共の演説者にとって有益と考えられるものによって左右される。判断とそれに影響をあたえるものの区別についても同様である。制度化された形式によって、演説者が影響を行使しなければならない空間が定義された。ある種の意思決定行為は、それらに先立つ熟慮する過程から制度的に切り離されてきた。公共の演説者は早い段階で介入することだけが許されているが、第二段階で起こることにも影響をあたえようと試みた。修辞的技術に関する著作は、演説者に対して、この制度化された空間のなかで自分の行為をまとめるための概念的な枠組みを提供するはずである。そして、このことこそが、アリストテレスの『修辞学』がもくろんでいたことなのである。

『ニコマコス倫理学』では、議論の文脈はまったく異なっている。そこでは、より一般的な実践的関心が、非常に特殊な実践的関心に取って代わっている。この著作の一部は、近代的な読者に「心理学的」という印象をあたえるだろうが、それでもこの著作は「政治学の学徒」に向けられたものである。「目を癒す者は、全身についても知っていなければならない」ように、政治学の学徒は魂について何事かを知っていなければならないという（Aristotle, 1984 : Ⅱ, 1741）。この著作における治療への言及は実践的関心が消滅していないことを示しているが、この場合の実践的関心とは、演説者の狭隘な目標よりもはるかに広いものになっている。いまや、もっと一般的な問題、すなわち、いかにすれば「道徳的卓越 excellence」（あるいは、以前は「徳 virtue」と翻訳されていた）を達成できるかという問題が重要になるのである。

その結果として、私たちの意思に反して、道徳的卓越あるいは徳の達成をときに妨げるものが存在することに気がつく。そこでは、「麻痺した」脚が譬えとして引きあいに出される。足の所有者が右に動かそうとしても、左に動いてしまうという場合である。同様に、魂のなかにも制御できない独自の仕方で動く要素がある。その要素のいくつかは、私たちが影響をまったく及ぼすことのできないような養育と成長の過程に関係があるはずである。また、情念 passion や欲望 desire のような、ある程度まで制御できる要素も存在する。したがって、善き人生を切望する人間の「理性」と、善き人生を達成したいなら規制されるべき魂のほかの要素のあいだに区別がなされる。アリストテレスによれば、理想は情念を抑圧することではなく、中庸をもってそれを表現することにある。現代的に表現するならば、「理性」は、情念と同じく「動機的 motivational」な特性を付与されていると言わねばならないだろう。道徳的卓越や徳への、善き人生への、幸福への自然な努力が存在しており、一方で、この努力をときに妨害するような種類の欲求も存在する。この区別はさまざまな種類の努力（striving, orexis）のあいだに存在し、努力とほかのもののあいだに存在するのではない。

修辞学的な文脈と倫理的な文脈のあいだの大きな違いには注目すべきである。両者とも本質的に実践的であるが、『修辞学』ではアリストテレスは他者に影響をあたえる仕方を問題としており、それに対して『ニコマコス倫理学』では、自己を改善することの方を問題としていた。そのことは、個人の努力が概念化される仕方をはっきりと規定する。公的場面で説得を試みる者は、その人が必要とするもの、すなわち彼が説得する特定の人間の性質についての限定されたリストを手に入れる。しかしながら、道徳的啓発をもとめる人にとってそうしたリストはほとんど意味をなさない。なぜなら、アリストテレスが指摘したように、道徳的判断は自然の性質に基づいてなされるのではなく、道徳的卓越や徳に基づいてなされるからである。よって、倫理的な関心をもつ人は、合理的な中庸と非合理な過剰（ときには欠乏）とのあいだの対立という観点からほとんどあらゆる性質について考えるように教えられる。後に、その倫理的な対立は、人間の人格の合理的な部分と非合理的な部分のあいだの葛藤として実体視されるようになる。

もうひとつの議論のコンテキストでは、アリストテレスはそうしたいくつかの区別を導入しているが、そこで彼の提示するスキーマは倫理的なものとは異なっている。『魂について』には実践的な考察はない。ここで表明されている関心は、魂そのものについての真理であり、また別の分類のスキーマがあたえられる。そして、そのスキーマは、「プシケー」とギリシャ人が呼んだものについてのアリストテレスの考え方から生み出されたものである。近代においてはこの「プシケー」に対応する概念は存在しない。それは、キリスト教における「魂 soul」やキリスト教以降の「心 mind」とも決して混同されるべきではない（Sorabji, 1979)。アリストテレスにとって、プシケーをもっているか否かは、生物と非生物を区別する特徴であり、それゆえ、プシケーは、植物にも動物にも人間にも見出されるべきものである。しかしながら、プシケー（伝統的には、ラテン語では「アニマ anima」、その後には「魂 soul」と訳されてきた）について論じたこの著作において、アリストテレスは、植物、動物、人間のあいだの「魂」の違いを問題としている。この探求を導いている根本的な問題意識は、自然界における人間の位置に関するものである。

アリストテレスは、プシケーのなかの五つの「力」を区別することによって、この問題に解答をあたえようとする。それは、成長のために食物を摂取する力、感覚する力、運動の力、欲求（欲望）の力、そして、思考の力である。植物の「魂」は、これらの力のうち最初だけをもち、動物の多くは次の三つをもっている。そして、人間の魂だけが五つすべてをもつ（Aristotle, 1984 : I, 658ff.）。こうして、認識と欲望の区別は、自然の秩序における人間の最高の地位を確立するのに役立つ。

このアリストテレスのスキーマと、似たような実践的帰結をともなう近代的な議論（たとえば、デカルトの議論）とのあいだを大きく隔てているのは、その形而上学的な基礎の違いである。アリストテレスが研究している自然の「力」は、近代人の物理的なメカニズムとはまったく別のものである。それらの力はそれぞれ、ある状態や目的に向かう内在的傾向、すなわち、ある種の「欲望」ないし方向性をもった努力である。たとえば、視覚力とは可視的事物の影響を受けようとする努力であり、移動力は運動への自発的な傾向性をふくみ、思考力は可能なときはいつでも実際に思考しようとする企てをふくんでいる。アリストテレスのスキーマでは、「動機づけ motivation」という独立のカテゴリーは存在しない。動機づけというカテゴリーは、すべての心理的活動が一種のメカニズムとして、すなわち自発性のない物理的な機械装置に似たものとして捉えられるようになって、はじめて必要とされる。そうしたメカニズムが動くためには、外からの圧力や「動因＝動機 motive」がつねに必要である。次章で見るように、こうした考えは一八世紀に創案される。アリストテレスは事物の活動を分析したが、彼のスキーマは、メカニカルな動きをする部分とそれを駆動させる部分を分離したりはしなかった。事物の活動の背後にあるものはある種の「力」であり、それは動かされるものであると同時に動かすものである。思考する力も同じことである。それは推論することへの傾向性であるが、それを稼動させるのに別の動因（＝動機）は必要ではない。欲望の力にしても、メカニカルな圧力の源としてほかのすべての力に作用するのではない。それは、生物にとっての「善 the good」となるものは何であれ求める傾向性を意味している。人間の場合には、善のなかには道徳的善がふくまれている。道徳的善は客観的なものであり、動物が生存するために必要とする事物が世界の一部をなしているのと同じように、道徳的善も世界の秩序の一部をなしている。このスキーマのキリスト教版では、「意志」というカテゴリーがここでしばしば引き合いに出される。

4　アリストテレス以降のいくつかのテーマ

アリストテレス以降の古代の文献では、「感情」ないし「情念」は、個人のあり方において異なった位置づけがあたえられている。とくにストア主義の道徳的教説では、アリストテレス的な中庸よりも厳格な自己制御が強調されていた。ストア主義にとって、制御されるべきものは、望ましくない「魂の運動」として分類され、体系的に概念化された[5]。四つの基本的な情念、すなわち、快、痛み、恐れ、欲望がそうしたものと見なされた。「パトス」というギリシャの概念は、人が蒙る、あるいは受難するものを指すのだが、アリストテレスはそれを一〇個の基本的な存在様態のうちのひとつとして哲学的に解釈していた。またそれはさらに特殊な意味をもっていた。すなわち、情念は、人の正常な活動を捩じ曲げるというのである。それはある種の心の病としてすら見なされていた。ストア派の哲学者にとって魂の統一と合理性は、依然として最高の地位にあるものだった。情念はいまだに信念か判断と見なされていたので、相対立しているのは認識と情念ではなく、魂の自然な表現と不自然な表現であった。ストア派の見方では、「私たちは自分の情動に責任がある。それはちょうど私たちがもっと熟慮された行為に責任があるようにである」(Annas, 1992：116)。

中世キリスト教の神学は、魂の力についての教義を発展させ、さまざまな問題にうまく対応できるようにギリシャ・ローマの哲学者を再解釈した。とくに、感覚的努力と知的努力の対立や、受動的な情念と能動的な意志の対立は、肉体と霊魂の対立と結びついた。聖トマス・アクィナスの主張によれば、感覚的欲望、あるいは情念は、(不死の) 魂そのものの属性ではないが、魂が身体に結びつけられているかぎり魂に影響をおよぼすのである。こうした考えは、歓迎されざる制御しがたい諸感覚をあたえるがゆえに身体を非難するという長い伝統を具現化している。その伝統は二〇世紀まで世俗的な形で存続してきた。

スコラ哲学の教義も、その体系化の努力に関しては注目に値する。聖トマス・アクィナス St Thomas Aquinas の著作 (1947) では、希望、絶望、恐怖、勇気、欲望、痛み、愛情、嫌悪などのさまざまな経験に適切な位置をあたえるような分類体系が発展した。これらの経験はすべて「情念」である。人間の経験と行動を制御しようとする実践的な関心はさらに顕著である。聖トマスは、それらの情念すべてを善か悪かに評価した。だが、概念の整理に関しても著しい努力が存在する。情念の分類は、日常の用法におけるそれらの位置づけから作りあげられ、学問的に限定された用語のネットワークのなかにとりこまれ、体系的に位置づけられた。その分類は教会の制度的な権力を背景として権威ある教説となり、人々に自分の感情的生活をどのように捉えるべきかを教えるために使われるようになった。

一七世紀になると、この教説にいくつかの根本的な変化が生じた。一六四九年に出版されたデカルトの『情念論』は、魂と身体を完全に区別し、身体に関する機械論的見方を提示した点で注目に値する（Descartes, 1931）。それは、情念の原因を身体にもとめる当時の思想潮流を徹底化したものである。情念はいまや、単に身体によって引き起こされた魂の経験にすぎなくなった。新しい対立が情念を定義するようになる。すなわち、「魂の情念（受動性）」は身体に発しており、「魂の行為（能動性）」から区別されるようになった。「魂の行為」は魂そのものだけに依存し、身体には何も負っていないとされるのである。これらの「行為」は、「すべて私たちの欲望」として記述される。そして「行為」には、純粋の思考と同様にあからさまな行動を生み出す意志行為がふくまれている。情念には、食欲や渇きのような身体的欲望の「知覚」だけではなく、身体を原因とする「感覚 feeling ないし情動 emotions」がふくまれている。デカルトによれば、身体ではなく魂から発する知覚や感覚や情動も存在する。それゆえ、デカルトは二つの原則を用いて分類を行ったのであり、そのひとつは経験的な原則で、もうひとつは形而上学的な原則である。経験的には、私たちは知覚と感覚の差異を知っており、知覚を外界に結びつけ、感覚を自分自身に結びつける。しかし形而上学的には、身体から発する経験と魂から発する経験が根本的に区別される。デカルトの形而上学的な原則は、最初に提案されてから二世紀経ってから力強くリバイバルされた。そのリバイバルの効果は、二〇世紀における情動の概念にいまだに顕著な影響を保っている。

多くの点において、「情念」に関するデカルトの考え方は伝統となっていった。彼はトマス・アクィナスの分類には賛成ではなく、あらゆる情念を、六つの基本的情念から引き出す独自の分類法をつくりだした。六つの基本的情念とは、驚異、愛情、嫌悪、欲望、喜び、悲しみである。デカルトは、情念とはそれぞれ独立した存在であって、動物の種（種別）のように分類体系のなかにとりこめるという信念をもっていた。彼の情念に関する著作は、以前のプファルツ朝エリザベート王女との書簡のやりとりから生まれたものである。エリザベート王女は政治亡命中であり、彼女は自分が置かれている状況にどう対処してよいか、デカルトに助言をもとめていた。デカルトはスウェーデンのクリスティナ女王にも書籍を送っていた。彼女も心に悩みを抱えていてデカルトに相談していた。過去の概念化と同様に、デカルトの情念についての概念化も、道徳的関心という文脈のなかに埋め込まれていた。善き人生を送りたいのであれば、情念は制御されるべきだというのである。人間個人のなかで、制御を行う上位の部分と制御されるべき荒々しい下位の部分が根本的に対比させられ、その比較のなかで情念に場所が割り当てられた。しかしデカルトは、個人の上位と下位の部分を、魂の高い部分と低い部分と見なすことはしなかった。個人のなかの上位の部分だけが魂なのであり、下位の部分は身体である。[6] 情念はかつて魂のなかの望まれない部分とされてきたが、いまやその原因は魂の外にある下位の領域へと追放されてしまった。

そこでは、情念は原因をもつとされていることに注意しよう。情念は身体内の物理的因果の連鎖によって発生すると仮定されていた。そして、もし理性的なものが介在しなければ、この動因の連鎖は骨格・筋肉組織に広がっていって運動活動をひきおこす。デカルトは運動活動 motor activity と行為 action とを区別することはしなかった。[7] もし、人が純粋に情念の影響のもとで行為したならば、その人の行動はまったく機械的になると考えられていた。デカルトの厳格な心身二元論は、随意的な行為と非随意的な行為のあいだに根本的な区別を導き入れているが、この区別はギリシャ・ローマの文献には見当たらない。この点にかんして、デカルトの情念に関する研究は新しい時代のはじまりをたしかに記している。

これまでに取りあげてきた主な論点を簡単にまとめてみよう。まず、欲望や喜び、反感などの現象に関するヨーロッパの言説には、強固に連続した部分が存在していることはあきらかである。何世紀ものあいだ、情念の問題は、道徳的関心という文脈で議論される傾向があった。その関心は、個人のなかにある高度で善良で責任ある部分と、不幸と邪悪の源泉であり制御のもとに置かれるべきほかの部分とのあいだの根本的な対立という図式によって特徴づけられていた。こうした言説は、人々に自分のなかの自然（本性）について知らしめ、あたえられた社会状況下で自己管理するように促すことを目的としている。自己管理をうまくやるためのひとつの方法は、道徳的な抑制という目的に適う仕方で人々が自分の経験にラベルを貼り区分できるような分類スキーマをあたえることである。その分類スキーマは恣意的であるがゆえに、そのラベルを貼る仕方についての合意はまったく存在しなかった。そして、それは、二〇世紀における情動と動機づけの区別にどこかで似ていることは確かである。スキーマの具体的な中身よりももっと重要なことは、そうしたスキーマが存在したということ、個人のなかの諸部分を「支配するもの」と「支配されるもの」に根本的に二極化したということである。これらの特徴が、人間の非合理と見なされる側面に関心をよせる諸概念の実用性と永続性を保証したのである。

第三章　大転換

二〇世紀の心理学の基本的なカテゴリーの多くは、あらゆる点からみて二〇世紀の発明品である。「知能 intelligence」「パーソナリティ personality」「行動 behaviour」「学習 learning」といった概念は、現代心理学によって根本的に意味が変更されたため、これらに相当する昔の語句は、端的にいって存在しないほどである。場合によっては、たとえば「動機づけ」や「社会的態度」のように用語そのものが新しく使われだして、それまでは存在すら知られていなかった現象領域を記述することもあった。現代心理学の登場にともない、人間の経験と行動の概念化に使われるカテゴリーのネットワークは劇的に改変されたのである。

しかし、そのときにすべてが変わったわけではない。旧時代からほとんど意味が変わらずに残った心理学上のカテゴリーもある。「情動 emotion」「動機 motive」（「動機づけ motivation」ではなく）

「意識 consciousness」「自尊心 self-esteem」といった概念は、大きな意味の変化もなく、現代に引き継がれた。この由緒正しい語群は、ひとつのディシプリンとして心理学が出現する以前から存在した心理学的な概念の古い層にあたる。もちろん、この古い層には「意志 will」や「性格 character」のように、科学的心理学に引き継がれることのなかった有名なカテゴリーも含まれている。では、ある用語が生き残り、ほかの用語が消えていったのは、どうしてなのだろうか。

ここでの答えは、旧時代から現代心理学がその基本的な特徴を受け継いだカテゴリーのネットワークに含まれている用語だけが生き残った、というものである。考古学にたとえるなら、現代心理学は自らの領地を建設するにあたって、新しい環境でも使えそうな建築用ブロックを旧居住地から持ち込んだわけである。だが、建築用ブロックというイメージではおそらく誤解を招く。土台といった方がもっとふさわしいだろう。というのも、ばらばらな概念要素の山が運び込まれたのではなく、それぞれの部品はすでに格子のように組み合わさっていたからである。この章ではこうした土台の歴史的な起源のいくつかを記述していくことにする。

1　一八世紀の新趣向

今日でも体系的に用いられている古い心理学的カテゴリーの意味をさかのぼろうとすると、一八世紀より先には辿れなくなってしまう。無理にでも現代的な意味を見ようとして決定的な違いに目をつむるのなら別だが、そうするのでなければ、一七世紀でさえまったく未知の概念の領域であることに気づくだろう。たしかに、あれこれの要素がときに現代的なものに思えたりもするが、そうした要素はたいてい特殊な枠組みのなかに埋め込まれており、後の時代のものとは歴史的に連続していない[1]。たとえば、前の章において、「情念 passions」に関するデカルト Descartes の考えには、本質的にキリスト教神学の伝統があることを指摘した。これらの考え方と後の「情動」や「動機づけ」のあいだには概念上の大きな隔たりがある。この二つを行き来すれば、当然まったく異なる景観が広がるのである。

そもそも「学問分野としての心理学」という概念が一八世紀以前には存在しない。もちろん、人間の経験や行動に関する反省がなかったわけではない。しかし、そうした反省のすべてが今日の意味で「心理学的」だったと想像するのは、現在を過去に投影することにほかならない。一八世紀より前には、「心理学的」と分類されるようなまとまった自然現象の領域は考えられていなかった。神学的、哲学的、道徳的、修辞学的、医学的、美学的、政治学的カテゴリーはあったが、心理学的カテゴリーはなかった。

心理学的カテゴリーが一八世紀に出現すると、決まったラベルをつける必要性が徐々に高まってきた。そのラベルは一八世紀の中頃にドイツで考案され、後にフランスに移植された (Dessoir, 1902; Pongratz, 1967; Scheerer, 1989)。それ以前は霊的な存在に関する知識をめぐって「心理学」がときたま話題になるくらいである (Lapointe, 1972)。一八世紀の後半からようやく、このラベルのもとに議論の絶えない領域が現われる。英国でもそうした領域がほぼ同時期に出現したが、こちらは精神哲学 mental philosophy として知られることになった。「心理学」というもっと簡便な語彙が採用され始めるのは一九世紀中頃になってからにすぎない (Hamilton, 1863)。

この英国流の形式で一八世紀の心理学は二〇世紀まで生き残った。これには二つの大きな理由がある。ひとつは、二〇世紀の心理学が米国一国の心理学に支配されたという歴史の偶然と関係している。それは、英国の精神哲学や社会哲学 moral philosophy からの直系だったのである。初期の米国の現代心理学は大半のカテゴリーを一九世紀の英国の教科書から取り入れたが、こうした教科書は英国のもっと前の世代から、基本的な変更はほとんどないまま、心理学的カテゴリーを受け継いでいた。[2] たいていは、これらのカテゴリーは日常英語の慣用に含まれていた。

二つ目の理由はさらに重要である。一八世紀の英国哲学から受け継いだ心理学的カテゴリーが長いあいだ生き残ったのは、そのあいだ、生活条件の本質的な変化がなく、こうしたカテゴリーがそのままあてはまったからである。ある重要な点で、一八世紀の英国は現代社会の最初の典型例だった。それは、自由な賃労働と資本を基礎に、あらゆるところに取引と契約関係が現われ、代議政体、個人企業、科学的合理性が原則となるような新しい社会秩序によって特徴づけられる。こうした条件のもとで、古い道徳的言説は力や重要性を失い始めていた。時代と歩調を合わせた新しい道徳的言説は、形而上学的に示される真理や理性による推論からではなく、いま、人間の本性（人間性）と呼ばれるものについての知識から、その原理を引き出した。新しい一連のカテゴリーはこの人間の本性を記述するために発展したのであり、それが一八世紀英国の資産家の生活にうまくあわせてあったとしても不思議ではない。こうした新しいカテゴリーは、理性と情念をめぐる古くからの概念を根本的に改造し、その改造からはいくつかの非常に長持ちするものが生まれた。

道徳上の言説が新しく構成されるまでには込み入った歴史があった。かなり長期にわたって、多くの人々が古い理解の仕方ではもはやどうにもならない場面にたびたび遭遇するようになった。まったく意図せずに、また普通は気づかれないうちに、言葉の使い方に微妙な変化が忍び込み、新しい用語が現われ、目新しい視点が登場する。やがて、このような変化が文献に反映され、後世の歴史家に生の資料を提供することになる。こうした文献は、文学・医学・科学・教育・哲学など、さまざまな分野に見られるだろう。原則的にはこれらあらゆる分野の資料が歴史的過程の再構成に関わっている。

とはいえ、この章では「哲学的な」性格として記述できるような文献にかぎって考察していく。このように限定する理由はいくつかあるが、第一は節約のためである。ここで問題になっている転換をあらゆる面から辿るには、多数の学者が生涯研究する必要があるだろう。しかし、この章の目的は、心理学における後の展開と直接つながる主題をいくつか取り出すことにある。間接的なつながりはおそらく探せばきりがないほど指摘できるだろう。だが、心理学というディシプリンの発生の仕方から言って、直接のつながりがあるのは、主として哲学の著作と医学・生物学の領域の文献である。後者については次の章で探っていくことにする。さしあたっては哲学の分野に集中しよう。この分野は心理学的カテゴリーの歴史的構成の軌跡を辿るという本書の全体的な目標の追求にも、とくに役立つ。

哲学の著作は概念を明確にしようと努めており、そのため、ほかの分野の著者が曖昧にしているところを整理し、はっきりさせていることが多い。またこうした哲学の著作は、ほかの分野では当然視されて検討されずにいる問題にも注意を向けることが多く、ここからもカテゴリーの構成過程に関する貴重な洞察がもたらされる。ただし、哲学の分野のこうした特徴を活用するとはいっても、ここで引用される文献を著した哲学者たちがそれぞれ独自に変化を生み出したと想定しているわけではない。

2　情念から情動へ

まず第一に、根本的に変化した社会状況にとって急務となったのは、情念 passion の再評価である。ある種の情念は、新たに誕生した社会で成功を収めるために、有害どころか、必要不可欠であるように思われた。この考えを挑発的に表現した時代風刺の寓話が登場し、大騒ぎとなった。「私悪すなわち公益」という副題のついた『蜂の寓話』がそれである（Kaye, 1924）。著者のバーナード・マンデヴィル Bernard Mandeville はロンドンに住むオランダ人の内科医であるが、当時の社会の矛盾を巨大で繁栄した蜂の巣にたとえた。この蜂の巣には、自惚れや嫉妬や虚栄心といった悪徳が蔓延し、それを嘆く声があふれていた。だが、天の支配者であるジュピターが蜂たちをみな高潔で誠実な性格の持ち主に変えたところ、巣はたちまちその巨大さと繁栄を失ってしまったという。一七二三年の第二版で追加された二つのエッセイでは、公共の利益は私的な悪徳から生じると教訓が説かれていた。

『蜂の寓話』はまさに洪水のような反響を巻き起こした。一七五九年までに一四五件もの反論が現われたが、当時としては異例のことで、これは著者が人々の神経をかなり逆撫でした証拠である。批判者のなかには英国の一流の哲学者もいて、寓話は半世紀後もなお重要な影響力をもった[3]。とくに、情念という概念を捉え直すことで寓話の挑戦に応えた哲学者の一人が、アダム・スミス Adam Smith の師、フランシス・ハッチソン Francis Hutcheson である。彼は、富や権力のようなきわめて一般的な目標の追求に向かう「穏やかな」欲望と、しばしば「混乱した感覚」や「激しい身体運動」と結びつくもっと特殊な心の動きとを区別した（Hutcheson, 1969）。真の情念といえるのはもっぱら後者であり、他方「公共の利益」の私的な源泉を構成するのは前者である。

そのちょうど二年前に同じような動きをみせたのが、当時、社会哲学（モラルフィロソフィー）の問題に関する権威と仰がれていたバトラー Butler 司教である。バトラーは「冷静あるいは堅実な利己心」と「情熱的あるいは肉欲的な利己心」とのあいだには大きな違いがあると考えた（Butler, 1950 : 13）。非難されるべきはもっぱら後者であり、他方、前者は個人にとっても社会にとっても有益この上ないという。動機づけられた行為は、実は二種類ある。ひとつは、最終的な結果がどうなるかはお構いなしに、ある特定の対象に特殊な衝動が向けられるものである。もうひとつは、バトラーが「私的な利害関心による行為」と呼んだものである[4]。この種の行為を支配するのは「自己愛の冷静な原則、あるいは自らの幸福と私的な善への一般的な欲望」（1950 : 52）である。この区別は、分類のための便利な道具というよりも、人間性の根本的な性質に基づいていると考えられていた。こうして、以前には理性と情念の争いと思われていた葛藤の多くが、いまでは肉欲と「自己愛」や「利害関心」との衝突として説明されるようになる。

非理性的な精神の作用 affections of the soul を二つに区別するのは、ジョン・ロック John Locke が主張した経験主義哲学の一般図式に基づいている。この図式によれば、心の内容は二つのカテゴリーに分けられる。ひとつは、直接的な感覚経験の産物であり、もうひとつは、この感覚的な基礎を心が反省した結果得られるものである。ロックの関心は主として認識論上の問題にあった。一八世紀の道徳哲学者はさらに、行動とその規制についての分野でもロックの区別が効力をもつことに注意を向けた。ここでは、同様の区別として、感覚（外的であれ内的であれ）を通じて直接的に心に作用する行為への衝動と、反省の結果とを分けられるはずである。前者は「激しい」情念からなり、後者は「穏やかな」「冷静な」「温和な」情念や利害関心という形をとる。これらは個人の発達の過程で、過去の行為とその成果についての反省の結果から、徐々に形成されると考えられた。人々は経験からの学習を通じて、全般的な自分の利益への積極的な関心を身につけるとされた。

バトラーとハッチソンが、二種類の情念のあいだにくさびを打ち込んでからほどなくして、もっと奥が深く絶大な影響力をもった哲学者のデヴィッド・ヒューム David Hume が、同様の区別を採用し、穏やかな情念と激しい情念とに言及した。ただし、彼が加えた説明では、区別のもとになるものが変化している。ヒュームの関心は、彼自身が言うように、純粋な感覚印象の直接的効果にはなく、もっぱら「反省的印象」つまり過去の経験にすでに影響された印象の方にあった（Hume, 1978：276）。

これは、「穏やかな」情念と「激しい」情念の区別が、ロックの感覚と反省の区別に対応してはいないことを意味する（Ardal, 1966）。では、諸情念のあいだに区別を設ける新しい基礎となるものは、いったい何だろうか。

答えの手がかりは、ヒュームがよく使うひとつの単語であり、この単語はこれまでの議論にほとんど登場していない。それは情動（エモーション）という単語である。この単語はモーションに由来する新しい派生語で、身体や社会の動きを表現するときに使われた。また比喩的に、心の動揺や興奮に適用されることもあった。しかし、この時点では、用語として整理されていたわけではなく、やや独創的な言い回しという以上のものではなかった。ヒュームの使い方も同様であった。ただし、使われた文脈のおかげでこの単語の新しさが際立つのである。その文脈は、穏やかな情念と激しい情念という区別をさらに展開しようとしている箇所で与えられている。ヒュームの議論によれば、この穏やかな情念と激しい情念という区別の仕方は、峻別すべき二つの特性を混ぜ合わせてしまっているという。すなわち、情念が姿を現わすそのときの激しさと、行為の動機としての情念の強さである。

人は、激しい情念に逆らって、自分の利害や計画を実行に移すことがよくある。したがって、目下の不快だけで行動が決まるわけではない。われわれの見るところ、概してこの両方の原理が意志に作用している。そして、それらが対立している場合には、人物の全体的な general 性質や現在の傾向 disposition に従って、いずれかが打ち勝つことになる。……明らかなことに、意志が情念の影響を受けるのは、情念の激しさ、すなわち、気分に生じた混乱の程度に比例するのではない。それどころか、ひとたび情念が確固たる行動原理となり、これが優勢な精神の傾向となるなら、もはや動揺も感じられないのが普通である。……突風のごとき情念の激発には、つねに自然に抵抗や動揺（エモーション）がともなうものだが、そうした行動原理にまでなった情念は、抵抗や動揺（エモーション）は生じずに行動を導く。したがって、われわれは、穏やかな情念と弱い情念、激しい情念と強い情念とを区別しなければならないのである。(Hume, 1978 : 418-419)

このような区別は私たちにはすっかりおなじみのものになっているが、ヒュームの先人たちの著作では動機と情動の区別は漠然としたままだった。ヒュームはいまだ情念について語ってはいるものの、このカテゴリーはいくつかの要素の混ざったものとみなされている。それは、一時的な状態と固定した傾向との混合であり、また（さまざまな強さの）動機的原因と（さまざまな強度の）心的動揺との混合である。ヒュームの視点がだんだん多くの人々に共有されるようになると、この区別は理性と情念の古びた区別よりも、ずっと重要であると考えられるようになった。その結果、科学的言説のカテゴリーとしての「情念 passions」は終焉を迎え、そこに情動 emotion が取ってかわることになる。だが、情念はその背後には非常に重い歴史的伝統があって、日常の慣用法に深く浸透していたため、こうした変化にはそれなりの時間がかかった。その過程が完了するのは、一九世紀の半ばを過ぎてからである。

そのあいだ、人々は新旧の用語法の共存と格闘していた。当初は、動機的原因と心的動揺の区別が、情念と情動とを識別するひとつの基礎として提案された。一七六二年にヘンリー・ホーム Henry Home（ケイムズ Kames 卿としての方が有名であるが）はこの問題と取り組んでいる。

情念と情動は同義語であろうか。そうとは断言できない。情動であれ心の動きであれ、欲望を欠いているなら情念とは呼ばない。また、情動の多くはいかなる種類の欲望も生じずに過ぎ去ることが知られている。……心の内的な動きや動揺は、欲望を生じることなく過ぎ去るなら、情動と呼ばれる。欲望が生じるなら、その動きや動揺は情念と呼ばれる。(Kames, 1970 : 53-54)

情念はもはや基本的なカテゴリーではないことに注意しよう。基礎のカテゴリーは情動と欲望であり、いまや情念はその二つの結合にすぎない。

一九世紀初頭までには、影響力のある精神哲学の体系がすくなくともひとつ存在しており、そこでは「情動」という用語が、非知性的 non-intellectual なあらゆる心の状態の名称として使われるようになっていた。トーマス・ブラウン Thomas Brown の体系にはもはや情念の占める場所はない。そのかわりに彼は、すでに日常の理解のなかで揺るぎない地位を確立していた「情動」に依拠することができた。彼は「だれもが情動が意味するところを理解している」と聴衆に語り、知性的な心の状態と、情動と呼ばれる非知性的な心の状態との基本的な区別を紹介している (Brown, 1831, I : 165)。(5)

この図式には情動のカテゴリーとして、直覚的（例＝感嘆 admiration）、予見的（例＝希望 hope）、回顧的（例＝後悔 remorse）の三つがある。総じて欲望は予見的情動に分類される。ブラウンの「情動」という用語の込み入った使い方はやや特殊であるとはいえ、カテゴリーはすでにしっかりと確立されている。この用語は一九世紀を通じ、心理学的な対象の重要な部門と関連して、たえず引き合いに出されることになった。

「情動」の出現には見落としてはならない背景がある。区別を設けたのはたしかにヒュームだったが、これは彼がきわめて聡明な学者だったからという事実にとどまるものではない。視点の変化、世界観の変化があって、それがヒュームの独創性の背景を形成した。また、理性と情念の対立がついには効力を失うように見えるのも、情念が細分化されたからだけではなく、対極にある理性の方も変化に巻き込まれていたからではないか。動機づけと情動という現代の概念を創造した概念上の変化は、ひとつふたつの概念上の区別を引き起こしただけではない。それらが重要であることに変わりはないが、そうした変化が可能になったのは、人間の行為の説明に適用される概念ネットワーク全体が再配置されたからである。

3　道具的理性

ここまでは情念の問題ばかりに注目してきた。しかし、理性がある種の因果的効力をもつと想定されることによってはじめて、理性と情念が目立って対立すると信じられるようになったことは明らかである。個人はときには情念の影響のもとに行動するが、しかし、その影響力は理性の力の抵抗にあうこともありうる。一七世紀の終わりまで、ほとんどだれもがまったくあたりまえのようにそう考えていた。

だが、それから理性の要塞は脆くも崩れはじめた。初期の突破口を開いたのはフランシス・ハッチソンである。ある行為の理由を尋ねたときの答え方には二種類あるのではないかとハッチソンは考えた。行為の実際の原因に関する答えもあれば、その行為は「妥当な」行為なのか、称賛すべきなのか非難すべきなのかといった事柄に関する答えもあるだろう。この二つの答え方は同じではない。ある人になぜ軍隊に入隊したのかと尋ねれば、愛国心あふれる立派な理由が返ってくるかもしれないが、しかし、その人の行為の本当の理由は、ひょっとすると破産したとか家出をしたとか、高邁さとはほど遠いものかもしれない。そこで、ハッチソン（1969：217ff.）は「惹起する exciting」理由と「正当化する justifying」理由を区別する。ハッチソンによれば、後者は理性的な命題であり、決して人を行為に駆り立てるものではない。人を駆り立てる力は情動あるいは情念の一種であり、それらだけが動機として働くことができる。彼はこれをわかりやすいたとえで説明している。「ルバーブ（食用大黄）は胃を丈夫にする」とされている。この命題はルバーブへの好みを正当化するかもしれないが、その命題自身が胃を丈夫にするわけではない。それができるのは、ルバーブの天然の効果だけである。

理性の失墜のとどめを刺したのはヒュームである。ハッチソンにとっては便利な区別だったものが、いまや人間行動の説明を支配する絶対的な原理となる。「理性はそれだけでは意志的な行為の動機とはなりえない。……意志に指揮された情念に理性は決して逆らえないのである」(Hume, 1978 : 413)。このような確信に満ちた断定の背景には、人間行為の理解に使われる基本カテゴリーのネットワーク全体の劇的な改変がある。ヒュームは依然として「情念」「意志」「理性」といった伝統的な用語を使っているが、しかし、それはもはやかつてのような意味ではない。すでに見てきたように「情念」は道徳的に去勢され、動機として作用するような「穏やかな」「安定した」属性を含むようになった。「意志」と「理性」にまつわる変化はよりいっそう奥が深い。

情念の概念は何世紀ものあいだ、理性の対極の位置を占めていた。情念が情念であるのは、理性との対立のおかげである。しかし、これは忘れてはならないのだが、理性は単なる個人の属性ではなかった（第二章参照）。むしろ理性とは、個人と宇宙とのつながりである。理性の法則の必然によって、人間世界を支配する価値の秩序が流れ込んでくる。この秩序は不動であり客観的であるが、とはいえ、それについての人間の理解は不十分なこともありうる。中世半ばの考え方では、個々の人間は理性的な意志を授けられており、情念の制御を通じて、宇宙の高度な秩序に自発的に参加できた。意志と理性は結びついていた。情念が個人の物質的な特殊性に閉じこもっているのに対して、理性的な意志は宇宙の永遠の道徳秩序に向かって扉を開いていくのである。

そうしたすべてがいまや消え去った。一八世紀の社会哲学者(モラルフィロソファー)は誰もがニュートンの影響下にあり、とりわけデヴィッド・ヒュームがそうだった。宇宙の秩序は数学的であり機械的であるという考えが打ち立てられた。この宇宙の秩序に重要な道徳的意味を見出す者は、ニュートン本人やバトラー卿を含めて、依然として多かったが、そこから引き出される結論は伝統的なものとは違っていた。たとえばバトラー（1950）の考えによれば、快と苦の私的な体験は道徳的指針として信頼できるものである。というのは、神が、行為のさまざまな過程に快感や苦痛を添えて、総じて良い行為を増やし、悪い行為を減らすようにしているからである。個人が宇宙の神聖な秩序にあずかるのは、理性を通じてではなく、快と苦という私的で感覚的な体験を通じてであるとされた。

このプライベート化 privatization の過程は、やがて、理性そのものに影響をおよぼす。ハッチソンの知見では、人々が「穏やかな」欲望の影響下で行為しているとき、その人々は、ある一定の「原理」もしくは「自然法則」に従っているという。そうした欲望の対象から得られる善や悪は、数量的に捉えられる。なぜなら、善と悪は対象が与える快と苦の持続時間や強度に比例するからである。ハッチソン（1969：41）はさらに、「人はあらゆる事柄においてささやかではあるが成功の見込みのあるものを求め、もっと重要であっても見込みのないものからは離れていく」と観察している。そうなると、この見込みと、期待される快の正味の量を掛けあわせれば、目標の相対的な望ましさの見積りが得られるだろう。目標の達成に正と負の両面がからんでいる場合には、一方の見積もりを他方から差し引けば、最終的に得られるものを測ることができる。これは、まさに合理的であるが、理性的な意志の実践に関与していた理性とはずいぶんな違いようである。「穏やかな」欲望という新しいカテゴリーを活用すると、理性は計算の実践になる（Brooks and Aalto, 1981 を参照）。もはや理性とは、真理とあまねく結びついた客観的な秩序の発見をもたらすものではない。いまや理性は道具的 instrumental なものとなり、穏やかな欲望のために用立てられる。理性は、主人から使用人になったのである。

この逆転を祝福するのがヒュームの有名な格言、「理性は、情念の単なる奴隷であり、またそうでなければならない」である。理性はもはや意志の力をもって作用することはできない。なぜなら人間行動の決定因は、この時点では、ニュートンの自然哲学の流儀で考えられているからである。ヒュームは確信的な決定論者だった。彼の主張では、人間の行為は心のメカニズムの働きに起因し、これは規則的で予測可能なパターンに従っている。物質的な領域の因果性と心的な領域の因果性は、原則的には違いはない。どちらの場合も因果の確定に必要なのは、知覚される出来事の規則的な継起にすぎない。何も「隠れた力」のせいで経験のなかに規則性が現われるわけではない。心理学的なレベルでは、これは、人間的な行為者 agency の概念がすべて消去されることを意味する。個人は自分自身の情念の影響力のもとで行為し、理性はその行為への最適な道筋を計算するだけである。こうなると、もうヒュームは、同時代人のはるか彼方まで進んでしまっている。だが、その二世紀後には、このような考え方はもはや衝撃的ではなくなっている。

4　動機そして行為の偶発性

こうなると、意志は運動器官に心的衝動を伝達する媒介手段に還元されてしまう。意志について言えること、あるいは言うべきことはほとんどなくなる。実際、決定論の新しい図式を完璧に首尾一貫して適用するつもりなら、意志は余計な概念である。これに対して、動機というカテゴリーが新たな重要性を獲得した。意志はそれだけでは何もできないのだから、意志を活動へと押しだす動機がつねに必要となる。だが、動機は理性ではない。動機を行為者の選ぶ目標によって定義することは、もはやできない。そのかわりに動機は、人間の経験と行為を結びつける因果の線的連鎖のなかの要素として説明された。理性的な意志が姿を消した以上、かわってその地位を占めるのは、因果作用の特性をすっかり備えた一定の要素である。その種の要素を識別するために動機というラベルが貼られた。「動機」という単語は以前にも存在したが、いまや一貫性のある図式のなかで新しい体系的な地位を獲得し、人間行動の説明に供されることになった。この図式には、徹底した決定論の折り紙がついた(6)。ヒュームの野心とは、人間の思考と行為の科学のための基礎を、ニュートンの自然科学の方針に沿って築くことだった。その意味では、ヒュームの「行動科学への貢献」に言及するのも、あながち見当はずれではない（Miller, 1971）。

一八世紀の中頃には、人間とその行為の関係についての新しい概念は一般に広まっていた。だが、変化にはそれなりの時間がかかった。これまでは変化の最終段階に焦点を絞ってきたが、それはここに変化の特徴が最もはっきり現われているからである。変化の発生には一定の解釈の仕方が必要だったのだが、後期の段階ではその解釈がすでにあたりまえになっている。この背景にあった仮定を調べるには、少し時間を巻き戻して、この仮定にまだ異論がありそのため活発な議論の対象になっていた時期までさかのぼらなければならない。

哲学的には、これまで論じてきた変化の基礎を築いたのは、一七世紀の終わりのジョン・ロックである。一六九〇年に、ロックは、「意志あるいは選好 preference はそれ自身ではない何かによって決定される」と宣言したが（Locke, 1959：375）、依然として、この決定因子を「善 the good」とみなしていた。伝統的な概念との絶縁は中途半端だったといえるかもしれない。数年後にはことばを換えて、前文を次のように訂正した。「同じ状態や行為を続けようとするのは、単にその状態や行為に満足しているという動機からである。変化に向かおうとする場合には、かならず何らかの不満が動機になっている」（1959：331）。意志つまり行為の決定因子は、もはや理性や道徳性という個人を超えた領域との本質的な関係などではなく、満足や不満という純粋に個人的で私的なものに端を発しているというのである。後者の満足や不満は、快と苦としても知られ、あらゆる動機に共通の属性を提供する。古典的な図式においては、情念の影響下に置かれた若干の行為だけが私的な満足のために企てられていたのに対し、いまではあらゆる行為が私的な満足によって決定されると想定された。[7]

このように行為の原因をプライベート化するのは、人間という行為者 agent とその行為とを分ける考え方が普及したからである。新しい社会秩序のもとで、有産階級の男性たちは、自分で何かを選んだり、自分の責任で行動する機会が大幅に増えた。すくなくともこうした人々にとっては、自らの個人的な選好に照らして、行為の選択肢を考慮することが規範になっていた。かつては、行為の指針を示すのは、通常、伝統であるとか、普遍的に妥当するとされた道徳規則や、無条件の忠誠と服従を強いられる権威からの命令だった。そこでは、私的な選好など問題にならなかったのである。徐々に改善されたとはいえ、人口の大半にとっては、こうした条件が現代までずっと続いた。しかし、本を書いたり読んだりする特権層にとっては、これとは違う行為の体験の方が普通になっていた。いまや人は自らの行為を個人的に支配していると感じ、自らの私的な選好にゆだねるという贅沢を享受できた。行為と選好の結びつきは偶発的であり、人はそれぞれの状況において最大の私的な利益が見込まれる行為を選ぶことができた。

ロックはこうした体験を表現するために、個人とその行為の関係を所有 property の観点から規定した。非常に有名な一節のなかで、ロックは、「すべての人は自らの所有物を持って」いて、とくにそれは「肉体の労働や手先の作業」のなかにあるとはっきり述べている (Locke, 1980 : 19)。言いかえれば、私の能力や個人的な資質、さらに私の行為とその産物も、同じように私の一部なのであり、これは私の家や庭が私の一部であるのと何ら変わりがないのである。それらの持ち物はきわめて貴重なものかもしれないが、私はそこから最大の利益を引き出すために、自分の持ち物をうまく使おうとする。言いかえれば、私はそれらを道具として使う。ロックの哲学は、個人とその人自身の身体や能力を含めた世界との関係の、新たな体験の仕方を告げている。この哲学においては、所有関係の方が市民社会よりも本質的である。社会より先にあると想像された自然状態でも、個人はすでに世界の一部を自らの所有物として扱い、そのさらなる蓄積に専心する。個人の行為はその人の最初の資産を構成し、これが財産を殖やすための道具として使われる。

もちろん、打算的な行為という現象は、ずっと以前から知られていたし、認められていた。ところが、その意義についてはさまざまなやり方で卑しめられ、たとえば性格的な欠陥として扱われたり、為政者や商人によって培われた特殊な技能とみなされたりしていた。これに対して、新しい哲学が主張したのは、打算的・道具的な行為は一般に人間の行為の「自然な」形式であり、もともと「人間の本性」に備わっているということである。そのような切替えには、当然、人間とその行為の理解に用いられるカテゴリー群の根本的な再構成が必要だった。理性は道具化され、かつては重要だった「穏やかな」情念と「激しい」情念の区別が、動機と情動の違いへと転じていったのである。

5　新たな自己の意味

個人とその行為の関係の再構成にともなって、行為の説明だけではなく、人間についての考え方も変化した。ここでもまた、ロックの仕事が新しい時代への合図となった。一八九〇年にいたってもなお、ウィリアム・ジェームズ William James は「自己」を主題とした議論のなかで、この問題についてのロックの見解が引き起こした「騒動」に言及している（James, 1890, I：349）。正確には何についての騒動だったのだろうか。ロックが提出したのは、端的にいえば、どうして私は今の私が昨日の私や先週の私と同じ人物だとわかるのか、という人格の同一性の問題である。

問題は新しかったが、ロックの読者にとっては、これが意味深長で不安を募らせるような問題だったことは間違いない。意味深長であるというのは、ますます商業化が進む革命後の英国社会において、階級や家柄や職業といった生まれながらの社会的な地位は、もはや不変のものではなくなったからである。個人と社会的同一性が分離するようになったばかりではなく、その分離が加速すると同時に神学に基づいた人格の同一性の概念も力が緩み始めていた。家系による社会的同一性からも、不死の魂からも、永久不変であることの十分な保証が得られないとなると、人格の同一性なるものは怪しくならざるをえない。

ロックによる問題の解決法は、自己の意識の連続性に基礎を置くことだった。この自己の意識は、あらゆる経験にいわば影のようにつきまとっていて、「誰でも自分が知覚しているという知覚なしに知覚することは不可能である」。ロックは次のように説明する。「意識はつねに思考に伴っており、それがすべての人を自己と呼ばれるものにし、それによって、思考をもつほかのすべての存在から自身を区別しているのだから、この意識にのみ人格の同一性は存する」(Locke, 1959：449)。

この議論の拠りどころには、きわめて重要な二つの用語の、当時としてはまったく新しい使い方があった。「意識 consciousness」と「自己 self」という用語である。後者に関しては、新造語と言ってもよいくらいで、英語での最初の出現の記録としては、ロックの『人間悟性論』より前のものはほとんどないらしい (Oxford English Dictionary, 1989, Ⅲ：756)。ロックの考案した方法で描かれるのは、その当時の世界の新しい経験の仕方、つまり自己という感覚と自らの内的・外的な行為の経験との分離である。この世界では、人はただ生活しているだけ、あるいはただ行動しているだけではない。人はつねに自己の生活や行動を「意識」している。[8] いまや自己とは、個人的で、地上的な存在である。この見方は、最初は甚だしい誤謬とみなされることが多かった。[9] ロックの批判者の多くは（Fox, 1988）むしろ伝統的なキリスト教の信仰をくりかえし主張し、人格の同一性は不死の実体 substance である魂によるものだとした。だが彼らの抵抗は、退却のための時間稼ぎにすぎなかった。

ロックは、一七世紀に出現した主観－客観関係に関する根本的に新しい考え方を、自己認識の領域にも適用していった。第二章で指摘したように、アリストテレスの知性あるいはヌース nous の概念が依拠していたのは、人間の理性と世界の合理的な秩序とのあいだの密接な関係である。これに対して、現代の概念では、知性は、宇宙にではなく、個人の心のなかに存する純粋に主観的な属性になっている。事物に関する古代の考え方は、若干の修正はあるものの、中世のあいだ保持されていた。この考え方では、個々の人間とその周囲に広がる世界には、同じ精神的原理が働いていることが当然のように信じられていた。中世の錬金術師は、自分の内的な状態が実験の結果を決定的に左右すると堅く信じていたのであり、後世がこじつけたような唯物論的な用語によって結果を予想していたのではない。近代以前の個人は、周囲に広がる宇宙の秩序に自分自身が直接関与していると考えていたのである。この関与の感覚が衰え、個人がますます自分と世界とのあいだの溝の深さに気づくようになったときに、自己についての新たな概念が確立されることになった。いまや自己とは主観のなかに置かれた原点となっており、それぞれの個人は、その原点から世界を経験したり世界に働きかけたりする。

そして、世界の方は、そうした経験の供給源や、個人の行為のための素材の供給源にすぎないものになった。

ロックの自己には、点的 punctual 自己という実に適切な呼び名がつけられている（Taylor, 1989）。それは、この自己が、経験内の一個の点、あるいは関心の焦点として、個人のいかなる特定の行為や経験からも「離脱」し、まったく分離したものと考えられているからである。こうした心理学上の見解は、ロックの政治学説と対応関係にある。ロックの学説は、社会を、集合的実体としてではなく、むしろきっちり分断された諸個人の総和とみなすモデルに基礎を置いていた。

その後の英米の文献では、ロックの概念は、自己の本質を理解するための自明の枠組みの一部となった。この概念が経験主義的 empiricist と特徴づけられることがあるのは、自己がほかのあらゆる対象と同じように、経験的に認識し研究することのできるひとつの対象とみなされているからである。ロックによれば、あらゆる認識は自己認識も含めてすべて感覚に起源をもつ。感覚を通じてひとつの「観念」（心的内容）を受け取ると、心はそれに「反省」を加えてほかの観念を形成する。さらに言うと、「心は自分自身を内側から眺め、観念をめぐる自分自身の活動を観察し、またそこからべつの観念を手に入れ、こうして手にした観念を、外部の事物から受け取ったあらゆる観念と同じように、観想 contemplation の対象とすることができる」（Locke, 1959：159）。言いかえれば、人が自分自身の心の内容や作用を観察するのは、外の世界を観察するのと似ているということである。経験主義の図式では、外界についての認識を得る方法が、自分自身についての認識を得るための方法のモデルになっている（Toulmin, 1977）。これが意味するのは、主体としての自己と客体としての自己の認知上の関係は、原則的には、自己とその外部の対象との関係と同じように距離があり、操作的でさえあるということである。

自己認識の基礎は劇的に変わった。自己認識のカテゴリーの変化は、そうした認識の産物の描写ばかりでなく、認識の仕方の描写にも影響を及ぼした。経験主義の精神哲学者は、かならずある種の観察の力に訴えて、自らの認識論を擁護するのだが、この観察なるものは、明らかに、自然哲学者が外界に向かうときと同じように冷静であることをめざしている。だが、今度は、この冷静な観察を内なる心的対象の世界へと向けなければならない。心的対象は外界の物質的対象と同じように発見されるのを待っているのである。この態度に徹すると、物質的世界の場合に大成功を収めたのとまさに同じ分析的手法を、心の観察に使用するということになる。心的内容は、最も基本的な要素へと切り分けられるべきであり、そして、これが最も「実在的 real」であるとみなされる。この手法を最後まで追求し、ヒュームが到達した結論は、「さまざまな知覚の束あるいは集合を除けば」自己には実体としての実在性がないというものだった（Hume, 1978 : 252）。

このヒュームの考え方は、広く受け入れられたわけではないが、そうかといって、英国における心への経験主義的アプローチに疑惑を生じさせるほどでもなかった。トーマス・リード Thomas Reid を創始者とする、反ヒュームの精神哲学であるスコットランド学派は、自分たちの論敵とまったく同じほどに、ロックの経験主義に没頭した。ドイツでは、行きすぎた経験主義への違和感から、このアプローチ全体に対するもっと根本的な拒絶が生じた。当初、英国の精神哲学はドイツの著作家たちのあいだでかなり人気があったのだが、一八世紀の後半になるとそれが変化してきた（Dessoir, 1902）。二種類の認識が、だんだんと先鋭的に区別されるようになったのである。ひとつは、科学が推奨する、距離を置いた冷静な自然の観察に基づくものであり、もうひとつは、もっと主観的な、込み入った世界の体験の仕方を特徴とし、ロマン主義という新しい文学・芸術の様式のなかで表現されたものである。この区別が結晶化することで、感覚 Empfindung（sensation）と感情 Gefühl（feeling）という用語が、その現代心理学的な意味を獲得した。一九世紀には、これに類似した過程が英国でも生じた。それ以前は、「フィーリング」はあらゆる心の状態を指していたのだが（注5参照）、いまでは主観的な色彩を帯びて、「エモーション」の近くに置かれることになった。

ロマンチシズムとともに、心的活動のカテゴリーのさらなる再編成があった。古典的な合理主義の考え方で目立っていたのは、明晰判明な観念と不明瞭で混乱した観念との区別である。後者は後の「情動的」体験と呼ばれるものにあたるが、しかしこの区別は、情動的体験の劣等性 inferiority に基づいたもので、性質上の相違に基づくものではなかった。経験主義はこの区別を低く評価していたが、一方では、経験の私的性質を強調し、自己観察を奨励した。こうした強調点と、近代の冷静な科学的観察の重視とを結びつけるために、感情と感覚が徐々に区別されるようになった。後者は「客観的」認識の、前者は「主観的」経験の基礎とされるものをもたらした。(10) こうして、一九世紀からは、感覚・知覚の心理学と感情・情動の心理学が、別々の分野として設立されることになったのである。

第四章　生理学的背景

1　心理学と生理学

もし、二〇世紀の心理学における多数の基礎的カテゴリーが経験主義的な精神哲学に源泉をもっていたのであれば、この心理学という学問分野がほかの手段においても経験主義的哲学と連続していたと言うことはできないだろうか。こういうと少し先走りすぎかもしれない。第一に、この「ほかの手段」すなわち実験的および技術(テクノロジー)は、単なる受動的な道具であったことはなく、この学問分野の概念的景観を新たに形作る上で決定的な役割を果たしていた。第二に、現代のディシプリンとしての心理学はその技術よりもさらに古い科学に依存しており、最も基本的なカテゴリーのいくつかは生物学に起源を持っていた。この新しい科学の最初の重要なテキストの書名が『生理学的心理学綱要』

(Wundt, 1874) であったのは決して恣意的なことではない。主題や方法論、概念的装置はすべて当時の生理学に見出されるものばかりであった。この遺産の強力な痕跡は一世紀たったのちでも依然として明らかであった。

初期の実験心理学が生理学における先行研究に依存していたことは、むかしから明白であった。しかし、この依存の性質を評価するために、どのような時代の枠組みを用いることが適切なのかは、それほど明らかではなかった。最初の心理学実験室で行われていたすべての研究が、実質的に一九世紀半ばの生理学実験室で行われていた同様の研究の直系に位置することは明らかであり、その例として、視覚・触覚・聴覚の研究、反応時間の測定、生理学的反応の記録などが挙げられる。しかし、これで話がすべてというわけではなく、生理学的主題と心理学的主題のあいだにおける概念的つながりは、実践的なつながりを超えてさらにさかのぼる。実際、生理学と心理学との境界は、一九世紀後半におけるものほど、いつもはっきりとしていたわけではない。その頃までに生理学は一貫して機械論的アプローチを採るようになっていたので、それ以降、身体機能の研究は純粋に物理主義的枠組みの内部に限定された。(1) こうした計画はとてもうまくいったのだが、心理学的問題にまで広がっていた古い決まり事の一部を必然的に放棄することにもなった。ある意味では、新しい自立した生理学的心理学は、一九世紀生理学から唾のように吐き出されてきたものだといえる。

こうした発展以前には、生理学のテキストにおいても、心理学的問題が当然のこととして扱われていた。ヨハネス・ミューラー Johannes Müller の長大な概論書『人体生理学要説』(1838-42) では、のちに両分野の境界の心理学側に入ると考えられるようになった主題に大きなセクションを当てている。これはその先駆となったルドルフィ Rudolphi の『生理学概論』(1821-23) でも同じであった。当時のもう一人の著名な生理学者であったブルダッハ Burdach は、生理学の課題を明確に定義しているが、そのなかに心理学的側面の研究も含めていた (Burdach, 1826：4)。中央ヨーロッパになると、この伝統はすくなくともアルブレヒト・フォン・ハラー Albrecht von Haller による一八世紀半ばの記念碑的著作『エレメンタ・フィジオロギアエ』(一九六六年に『生理学要論』として英訳された) にまでさかのぼる。イギリスは遅咲きで、心理＝生理学的なテキストは一九世紀の中盤を過ぎるあたりまで出てこないが、その著名な例としてトマス・レイコック Thomas Laycock の『心と脳』(1830)、ヘンリー・ホランド Henry Holland の『精神生理学』(1852)、ウィリアム・ベンジャミン・カーペンター William Benjamin Carpenter の『精神生理学の原理』(1874) を挙げることができる。この最後の著書はアメリカで一八九一年になって再刊されたほか、ウィリアム・ジェームズ William James が詳細に引用していた。

心理学と生理学とのあいだの関係の変質は心理学的言語に多大な影響をもたらした。身体的現象と心的現象の双方を記述するのに同種の用語が使えたのだろうか。あるいは、二つの異なる言語を必要としたのだろうか。一方の極では一貫して二元論的な立場があり、そこでは生理学の物理主義的言語と心理学の心理主義的言語を混在させることを恐ろしいことと見なしていた。一九世紀の生理学的機械論者はこの立場をとっていたが、その同時代人であった精神哲学者の多くもまたそうであった。両方の側がたがいに相手側による汚染を恐れていた。しかしながら、日常言語はそれらを気難しく区別することはしなかったので、多くの用語には身体的意味と心理的意味が混在していた。その例としては、態度 attitude、動機 motive、気質 temperament などがある。歴史的には物理主義的言語と心理主義的言語の分離は現代において発展したものであり、一九世紀においてはまだまだ不十分であった。科学的に自立したディシプリンとして心理学が発達するには、こうした問題に直面することが必要であった。二通りの言語的境界が確立されなければならなかったが、まず科学的心理学というディシプリンの言語は、日常的な使用から区別されねばならず、そして、そのあいだに何の交流もなく隔絶した生理学と社会哲学（モラルフィロソフィー）のあいだのどこかに位置しなければならなかった。

生理学と心理学の境界がとくに不明瞭な研究領域が二つあった。ひとつは感覚の領域で、感覚器の研究はたしかに生理学的なものであったが、こうした器官の活動は一般には心理学的と考えられている感覚能力という特性を伴っていた。境界が不明瞭な二つめの領域は、生物的運動の領域である。生きている生物や器官の運動を説明することは生理学の主要な課題となっていたが、それらの運動はときにすばらしい協調を示し、知恵があるように見えたので、そうした運動の指示はある種の心や精神によって行われているのではないかという疑問がつねに生じていた。このような議論においては、生理学的なものと心理学的なものとのあいだにはっきりとした線を引くことはできなかった。生理学的機械論と物理主義の勝利によって、ようやく一九世紀の中盤に生理学の主題をめぐって堅固な境界線を確立することができたのである。そのときでさえも、生理学的還元論を心理学的主題にあてはめることが盛んに行われていた。

さまざまな時代において心理学は、高度に特殊で技術的なカテゴリーから広く浸透して使われているカテゴリーまで、一般性の程度がかなり異なる生理学的カテゴリーを採用してきた。ここでは後者のより一般的なカテゴリーにしぼる。なかでも有機体、刺激、反射、エネルギーといった相互につながりのあるカテゴリーは、現代心理学の概念的構造の出現にとって重要であるため特に注意を要する。

このうち最初のカテゴリーである有機体 organism は、生理学的概念の心理学への移行にとって基本的である。これは、動物と人間をつなげる存在のカテゴリーであり、したがって、この双方に類似した属性を仮定することをもっともらしくしている。ある基本的な意味において人間が有機体とみなされるならば、有機体であることを定義している特徴は人間にもあてはめられるだろう。こうした特徴のうち二〇世紀の大半において最も顕著なものは、適応性、「適者生存」、遺伝など、自然選択による進化論に関するものである。しかし、有機体の概念はダーウィンの進化論よりも古い。進化論が優位な位置を占める以前には、有機体の性質はほかの特徴によって定義されていた。こうした特徴はまだ消えてしまってはおらず、単にあたりまえのこととして目に映らなくなっただけのものもあれば、今ではもっと限定された意味で考えられているものもある。刺激作用に対する反応などは前者の例であり、反射作用やエネルギーは後者の例である。だが、あたりまえのこととなってしまっていても、その重要性の痕跡は依然として残っているので、有機体の属性の歴史的重要性に影響を与えるものではない。

たとえば、二〇世紀の心理学全体において、刺激作用stimulationはおそらく最も浸透したカテゴリーであろう。というのも、まさしくこのカテゴリーは、心理学という学問分野の概念的・歴史的基盤に深く埋め込まれているために、まったく自明の性質と見なされているからである。現代心理学の記述や理論の大部分は、その内容がどんなに特異なものであっても、それらが適用される領域が刺激作用のカテゴリーのことばによってすでに定式化されていることを前提としている。知覚過程の説明は現在の刺激作用の効果を扱い、学習と記憶の説明は過去の刺激作用の効果を扱う。動機と情動はしばしば「内的」刺激作用という観点から概念化され、人間の行動を刺激作用に対する「反応」として考える伝統は依然として根強い。心理学の記述の多くは、刺激とその効果という観点から複雑であいまいな状況を前理論的に分析することに基づいている。心理学の理論化は、そうした効果がどのように作用するのかを説明している。そうした理論がどのように関連しているのかは、刺激作用のカテゴリーによって以前の現象がどのように記述されているのかに依存している。このカテゴリーの使用はあまりに広まり、深く根づいたので、そのカテゴリーの含意するところは見えなくなってしまった。それで、刺激作用というカテゴリーは完全に中立的で、その主題の本質については何の前提も伴っていないと仮定しているのである。

しかし、そうした仮定は錯覚である。刺激とその効果による現象の記述は、ある構造を現象に背負わせることである。ほとんどの例において、採用されても静かに拒絶されていったであろうと考えられるほかの記述がある。さらに、刺激作用のカテゴリーは特定の文脈において、特定の理由によって現れた歴史的産物であり、その重要性を理解するにはその歴史的形成と、それに続く軌跡の状況を認識する必要がある。刺激作用という語はつねに同じことを意味してきたわけではない。その歴史においいて、この用語の含意するところは大いに変化してきたし、それぞれの段階において、刺激作用というカテゴリーのもとに新しい現象が包含されるごとに異なる意味が与えられてきた。しかし、どの段階においても、この用語はおそらくほかのどの用語よりも、自然の秩序のなかで主観性が占める地位に関する基礎的な確信を表現していたのである。

刺激作用という概念の現在の特異な形はより深層にある概念的基盤の上に打ち立てられているのだが、この章ではその基盤のいくつかを明らかにすることで、刺激作用の「考古学」を探究することにする。ここでは三つの層が考えられるが、最も深い層は生気論的で、つぎの層は反射概念の形成における機械論的モデルへの移行を含んでおり、第三の層は一九世紀のエネルギー概念を通じて比喩的な物理主義が進入してきたことを表している。

2 「刺激作用」の生気論的ルーツ

感覚と生物的運動の領域は、どちらも一八世紀の後半に起こった生理学的問題の根本的な再定式化によって深く影響を受けている。この再定式化のなかで刺激作用の概念は決定的な役割を果たした。ある意味では、そこで起こったことは、生理学的諸問題の再定式化に関する問題というよりも、諸問題を生理学的なものとして定式化しなおすという問題であった。一七世紀後半および一八世紀初頭において、生きている身体の操作に関する重要な研究は心身二元論的枠組みのなかで行われ、デカルトDescartesがその基調を作り上げた。精神と身体は存在のまったく異なる秩序を表しており、生きている身体は物理的機械であって、その反応の説明は力学以上のものを必要としなかった。刺激作用の効果を伝達する生物の構造は、圧力を加えたときの紐、バルブ、管、液体と同じように動く機械的仕組みと見なされ、生物的運動の産出の問題と無生物的運動の産出の問題とは区別されていなかった。生理学的問題は応用力学の問題であって、この頃は「刺激」という用語が外傷を生じる外的因子（火傷や刺し傷など）あるいは病理的状態の軽減（たとえば腫れがひくこと）と関連して、医学文献に時折見出された（Möller, 1975）。

生理学独自の問題設定における基礎的な要素として刺激作用というカテゴリーが出現したことは、機械論から生気論への転換と密接に結びついており、それは一八世紀後半にいっそう著しくなった。生気論にはいろいろな形があるが（Benton, 1974）、ここで問題としたいのは共通分母、すなわち生命の過程は物理的機械論には還元されえず、生きている形態に特徴的な特殊な原理によって操作されているとする主張のみである。たとえば、大いに尊敬されたハラーHallerは感覚性sensibilityは生きている（生命のある有機体の）神経に独自の特性によると考え、生物的運動は筋肉の特殊な被刺激性irritabilityに依存すると考えていた（Haller, 1922）。物理的・化学的知識の進展とともに、そうした原理はせいぜい冗長か、最悪の場合は非科学的で人を煙にまくようなものと思われた。しかしなから、一九世紀の新世代の機械論者によって生気論が悪評を得たからといって、生気論者の概念的構築のなかには生理学の日常言語の一部になったものもあるという事実に目をつぶってはならない。こうした構築のなかで刺激の概念は決定的な役割を果たした。

古い二元論的な図式においては、活動を引き起こすものとして二種類のもののみが認識されていた。物理的力と意志の作用である。動物の活動は完全に前者によるものであるが、人間の活動は両者の結果である。デカルト主義では、情念は身体の物理的事象によって生み出されるが、また精神の合理的な意志によって拮抗することもできると考えていた。この図式は、生物と無生物に関わる自然科学の領域と、神学者と哲学者の優しい慈悲に委ねられた精神の領域とのあいだに、橋渡し不能な溝を作り出した。一八世紀の生気論的生理学は、無生物の機械作用とも、人間の道徳的行為の意図的な合理性とも異なる第三の活動を作り出すことで、この溝に橋を架け始めた（Danziger, 1983）。その第三の種類とは刺激に対する活動であり、今では有機体と考えられる生きた存在の特徴であった。無生物的運動は物理的力が受動的構造を通じて伝達することに依存しており、その効果の変動は加えた原因の変動によって完全に説明される。それに対して、生物的運動は刺激と生きている身体とのあいだの関係に依存している。このことは、刺激の効果は物理的法則の知識だけでは予測できないことを意味していた。弱い刺激が強力な効果をもつこともありうるし、いくつかの機械的に可能な効果のうち、生きているシステムの完全性を保つもののみが生起する。

「刺激による運動」というカテゴリーは、著名なスコットランドの生理学者ロバート・ホイット

Robert Whytt の著作（1768）において最初に見られる。このような運動は力学法則の支配も、論理法則の支配も受けておらず、有機的完全性の維持とは無関係なそれ自身の「必然性」に従っていた。生物の運動を生じさせるものが物理的か心理的かということは、刺激としての地位とは関係がない。

以前にさまざまな部分の身体にあてがわれた物質の追想 remembrance または観念は、その物質自体が実際に存在するときと、ほぼ同様の効果を生じる。すなわち、おいしい食事の光景やそれを想起した観念さえも空腹な人間の口内に唾液を出させ、多くの人においてレモンのスライスを見ることも同じ効果をもつ。繊細な人であれば催吐剤の光景、いやその名前だけでも、あるいは他の人が吐いているのを見れば、吐き気を催すだろう。（Whytt, 1768 : 133）

刺激に対する反応は不随意的であるが、その因果的決定は力学的ではない。その活動の因果性は非機械的（非力学的）で、活動の原因が心理的性質をもつか物理的性質をもつかは無関係であるような、因果的に決定された活動の新しいカテゴリーが認められたのである。この認識は、物理的原因を有する随意的作用と心的原因を有する不随意的作用という古い二元性を打ち壊した。それはまた心とはどういうものであるかという概念を変えた。

したがって、生命運動およびほかの不随意的運動の発現において、心は合理的な原理によって働くのではなく、感覚的原理によって作用する。心は、推論を働かせることなく、不快な感覚作用すなわち刺激によって確実に決定されている。刺激はそれらの運動をもたらすときに、その力を発揮して器官に影響を与える。心がそうした刺激によって決定されていることは、天秤が機械的法則に則して最も重い方に傾くのと同じである。(Whytt, 1768 : 152)

ホイットは合理的な意識や意志を可能にする合理的精神という概念をまだ保っている。だが、彼がつけ加えた「感覚的精神」は、自由にふるまうことはできず、その合理性は自己反省的な推論に基づくのではなく、生物学的有機体を保存するという意味での合理性である。(2)

これによって生じた重要な結果のひとつは、随意的 voluntary 作用と自動的 automatic 作用が、両立しない別々のカテゴリーに属しているとはもはや見なされず、随意性と自動性とが程度問題となったことである。ある特定の活動も時間と条件が異なれば、その自動性の程度もさまざまに異なる。このことは、どんな種類の自然主義的侵略に対しても意志という領地を守ってきた概念的な砦においては、かなり大きなほころびである。前の章で見たように、ヒュームの哲学は同じ方向に、そしてより急進的な方向に進んでいた。しかし、ヒュームの解決法は心の機械化という形をとりながらも、心身の二元性は保ったままであった。これと比べれば、刺激によって生じる運動という新しいカテゴリーは、さらに生産的なものであった。それは具体的な科学的研究に道を開くものであり、純粋に哲学的な批判よりも繊細にもっと効果的に伝統的な立場を切り崩していった。

エディンバラでホイットの後継者であったウィリアム・カレン William Cullen（一七一〇〜一七九〇）の著作において、刺激概念の可能性はさらに発展した。ホイットが関心を寄せていたのはおもに身体の内的機能としての刺激の役割であったが、カレンは正常な生理的活動の維持における外的刺激の決定的な役割を強調していた（Thomson, 1832）。ほかの医学書の著者たちは、この刺激によって生じる作用というカテゴリーをさらに心理学的な方向へと拡大した。一八世紀末にエラズマス・ダーウィン Erasmus Darwin（チャールズ・ダーウィン Charles Darwin の祖父）は人間の行動と体験を、刺激作用・筋収縮・中枢の「感覚力」という三つの基本的カテゴリーからまとめた包括的理論（一七九四〜九六）を生み出した。それまでの人たちの医学的著作とは異なり、エラズマス・ダーウィンは自分の刺激‐反応分析をくしゃみ、飲み込み、嘔吐のような作用に限定せず、日常的な随意的活動にまで拡大した。これが可能となったのは経験主義哲学のなかで発展してきた連合の原理[3]を利用したからである。刺激による運動という生理学的図式と哲学的経験主義が融合する可能性はあったが、しかしながらエラズマス・ダーウィンは時代の先を行っていた。彼が現れたのは、イギリスでそのような考え方が再び現れるようになるすくなくとも半世紀も前のことであり、そしてそのあいだにエラズマス・ダーウィンの名前は同国人から忘れ去られてしまった。しかし、彼の名はヨーロッパの大陸、とくにドイツではかなりよく知られていた。エラズマス・ダーウィンの独創的な見解のいくつかは、皮肉にも先に挙げてあるヨハネス・ミュラーの教科書のなかで記されるという形でイギリスの人々に知られるようになった（Young, 1970）。

ドイツにおいてエラズマス・ダーウィンが注目されたのは、この国では刺激概念が急速に関心を持たれるようになったことを背景としている。実際、最初こそスコットランドの医学研究者の貢献があったが、そのあとで刺激作用というカテゴリーがさらに洗練されたのは、概してドイツでの出来事であった。ドイツではデカルトの二元論がフランスやイギリスにおけるほど信奉されたことはなかったので、ドイツの医学的言説においては非二元論的な定式化に対する抵抗はずっと小さいものであった(Verwey, 1985)。自然界における連続性を強調し、自然な種差はもっと微小な差にまでさかのぼることができるとするライプニッツの哲学もまた、刺激によって生じる運動という図式の拡大に好都合であった。

特定の生物学的器官の反応から有機体まるごとの反応へと拡張されるなかで、ある刺激によって生じる作用という概念は心理学的な意味をもつようになり、ついには純粋に心理学的な原因にあてはめられ、心理学の自然主義的な発展において重要な役割を果たすようになった。たとえば、ドイツの優れた啓蒙運動家であったJ・G・ヘルダー Herder は、「絶えず」生理学に結びついた心理学というものを提唱し、やや混乱しながらも刺激概念を豊富に使ってみせた(Herder, 1778)。

やがて、ドイツ語の文献では「刺激 Reiz」によって表される意味の範囲が格段に拡大し、「内的刺激」という用語は心的活動の因果を記述するのに使われるようになった。トレヴィラヌス Treviranus (1822) など哲学寄りの生物学者の著作では、意志は身体的運動のための刺激であるとされ、その作用は外的刺激の作用と似て、自然の法則に従うとされている。刺激はまた神経系を含む身体器官に生じる変化を通じ、長期にわたって効果をもつと言われている。

医学的知識の体系化に貢献したJ・C・ライルReilによって、一八世紀末までに「刺激」という用語によってさまざまな感覚を区別することが可能になった（Reil, 1910）。ハラーにならって感覚刺激と運動刺激は区別されていたが、そのほかにも区別があった。そのなかには特筆すべき二つの重要な区別がある。ひとつは外的で物理的な刺激と、有機体の内部に作用する刺激との区別である。後者はかならずしも物理的なものではなく、観念の連合といった現象と関連して生じる。二つめとして、一般的な刺激と、眼に対する光や耳に対する音といった例のように、特定器官の特殊な感受性（被刺激性 Reizbarkeit）と対応した刺激とのあいだの区別がされている。特殊な感受性という考えはヨハネス・ミュラー（1826）のような後世の生理学者に取り上げられて、しばらくのあいだ、感覚と空間知覚に関する経験的研究のための理論的枠組みを提供した。これは後に復活し、「特殊神経エネルギー説」として知られるようになった（Boring, 1942）。

3　反射概念の分岐

刺激作用のカテゴリーは、その歴史の初期において、生きている有機体の因果的過程を生気論的に理解する[4]ことからはじまって、かなり広い意味を持つようになっていた。しかし、一八三〇年頃に生気論が衰退してくると、実験的技法はより精密なものになり、要素を探究することと科学的説明とがほぼ同じものとして考えられるようになった。こうした変化は、感覚生理学の研究においても動物の運動の研究においても現れ、刺激作用という概念の実践的展開において大きな変化をもたらした。結局のところ、心理学史において最も広範囲にわたって影響をおよぼしていたのがこの領域なので、ここでは、動物の運動の領域における発展に焦点をしぼりたいと思う。

一九世紀の後半三分の一から二〇世紀初頭にかけてのあいだ、動物の運動に関する科学的研究は反射概念によって支配されていた。刺激作用がこの概念の統合的要素であるのはもちろんであったが、その意味は大幅に変化してきており、生物学的な因果関係という広範な特徴からもっと特殊な効果へと注意が移っていた。いまや、外的作用因の効果は生命系の組織化に依存することが当然視できるようになり、そうした認識は生理学で「刺激」という用語が保たれたことに表れていた。有機体の単位を全体的に統合し機能させることに関する問題は、生物の組織化の要素に関する問題につぐ位置を占めるようになった。このことは、この組織化についての考え方が変化していたことを暗に示していた。一九世紀の初期になると、各々が身体内に空間的位置をもって別々に機能する要素という観点から有機体が理解される傾向が強まり、生理学的研究はそうした要素を分離して識別することに専念するようになった。

このことは、脊髄神経の刺激作用に依存した筋反応の研究を行っていたマーシャル・ホール Marshall Hall の研究にとても明確に現れている。[5] 彼の脊髄動物の実験は、それ以前の研究とそれほど根本的に違うものではなかったが、概念化の仕方は確実に異なっていた。彼はこれらの実験材料の反応を、「興奮－運動性」神経系あるいは「真性脊髄」神経系の活動によるものと考えたが、その神経系は脳にある「感覚的・随意的」な神経系の部分とはっきり区別されているものだった。後者によって媒介される反応が意識的な感覚作用を伴い、しばしば「自発的」であるのに対して、興奮－運動系では「つねに適切な刺激あるいは興奮や刺激状態の原因となるものが与えられており、それに伴って特別な筋肉群が収縮する」(Hall, 1836 : 21)。ホールはこのことを「脊髄の反射機能」と呼び、数多くの特異的反射から成るひとつの機能だと考えていた。いまや反射は単数形で語ることができるようになり、反射もまた解剖学的に特定の神経路に局在するものとされた。やがて、反射弧 reflex arc という概念が普及するようになったが、この概念は、特定の感覚器官から感覚神経、特定の脊髄部位、運動神経を通って特殊な筋肉群へとつながる配線のことを意味していた。

反射機能を個別の反射要素へと分解することによって、刺激に対する感受性という一般的機能（感覚性）を、特定の刺激－反応要素の集合で置き換えるようになった。刺激作用は潜在的に識別可能な要素単位を通じてその効果を発揮すると考えられるようになり、刺激条件とそれと連合した作用がどんなに複雑であろうと、究極的には感覚要素と運動要素から構成されていると仮定された。

こうした要素への分解という変化は、生きた有機体の考え方に見られるもっと全般的な変容のうちの一部をなしていた。生気論的生理学では、生命系の全体的な統合と目的のために特定の機能がどれほど役に立つかという点から考えたのに対して、新しい生理学は下位の系で起こっているメカニズムに関心を集中させていた。そうしたメカニズムの物質的基盤を追うほうが、すべてがどのようにうまく適合しているのかを推測するよりも、やりがいがあると思われたのである。いまや有機体は「動いている部品や部分」(Figlio, 1977) の集合体であった。そのような変化は研究上の実践における変化と相まって起こった。前の節で論じたような生気論者は実際に実験も行っていたが、彼らの実験は広範な問題に答えるためのもので、純粋に観察に基づく資料のなかに実験を埋め込むこともよくあった。一九世紀になると、ますます生理学的実験方法は高度に特殊な問題に答えるために使われるようになったが、同時に、実験はまず特別上等な方法となり、それから知識の拡大にとって唯一の実際に科学的な方法となったのである。古い意味での生命の神秘を畏怖する代わりに、大胆な介入主義的態度がとられるようになった。

ホールの説明では、反射作用は、明らかに、意識的感覚が何の役割も演じることなく過ぎ去る。とすると、反射機能は神経系のある部分に局在し、意識は別の場所に局在していることになる。刺激作用は感覚性への連結を通じてではなく、運動反応への連結を通じてその効果を発揮する。外的影響と物理的運動とのあいだの連絡が根本的なものとなり、その連絡を媒介する際の心や意識の役割は軽んじられるようになった。

この考えは、生気論の時代に棚上げされていたある種の二元論を含んでいる。だが、機械論的説明がなされたからといって、一夜のうちに問題が解決されたわけではなかった。ホールと同時期に反射作用を研究していた生気論者のヨハネス・ミュラーは、反射はある形の感覚作用によって媒介されているとつねに主張していた。この問題をめぐって、イギリスとドイツの双方において、迅速に二つの陣営が作られた。一方の陣営はホールやその指導者であったR・D・グレインジャー Grainger のような二元論者で、純粋に物理的と考えられる刺激作用 stimulation と、意識を伴う感覚作用 sensation とは明確に区別すべきだと主張した。もう一方の陣営では、刺激作用はかならず何らかの形の感覚作用を伴うとする古い概念にまだしがみついていた。(6)

この論争の帰結としてとても重要だったのは、感覚作用の意味が明確になったことである。一八世紀末から一九世紀初頭においては、生きた有機体に与えられた印象であればどんな種類であってもよくこの用語が使われたため、感覚作用と刺激作用とのあいだにはっきりとした区別がなかった。実際、「印象」という用語はこの両者にまたがるものとしてよく使われた。ドイツでは、ライプニッツの微小知覚 petite perceptions に由来する「無意識的感覚作用」の実在性が広く受け入れられていた。(7) デカルト的二元論が本質的に完全にアリストテレスの見解に取って代わったわけではなく、個人の意識は心を定義する基準と見なされてはいなかった。一九世紀半ばの生理学的機械論がこの問題に物理主義的言語を用いることを主張したために、「感覚作用」は居場所をなくしてしまったのである。(8) 刺激作用と感覚作用は決定的に分離され、前者は純粋に物理学的な意味を再び獲得したのに対して、後者は意識的事象に限定された。しかしながら、この区別は観念論的哲学の関心であっただけでなく、機械論的生理学の関心をも反映していたことに留意すべきである（注6参照）。個人は自由に意識的な選択ができるという道徳的秩序を脅威にさらすことなしに、生理学者が神経系の研究に従事できたのは、実にヴィクトリア朝的な解決法であった。(9)

こうした変化は、生理学と心理学の関係にとって、疎遠と好機の両方の原因であった。疎遠というのは、新しい生理学においては心理学的概念の居場所がもうなくなったからであり、好機というのは元気な生理学の力を借りて、新しい心理学が作られるからであった。長い目で見れば、分野としての心理学の設立に最も有用であったのは、新しい生理学的知識ではなく、その知識を生み出した実験的技術の進展のほうであった。しかし、このことは一九世紀の最後の二五年になって、新しい心理学の実験室が開設されるようになるまでは明らかではなかった。それ以前にも、心理学的問題を定式化しなおすために新しい生理学的概念のいくつかを使って、新しい種類の心理学を確立しようとする試みは幾度かあった。これらの概念のうち、最も重要なものが反射概念である。一八五〇年頃から約一世紀のあいだ、反射概念は心理学的問題の概念化において、強い影響力を行使した。

反射概念の範囲に関するホールの説の二元論的限界に対しては、当初から苛立ちが生まれていた。この概念の領域をもっと広く考えるべきだと主張した最初の一人は、一九世紀半ばにエディンバラの医学的権威であったトマス・レイコックである。かなり珍しいことであるが、レイコックは若い頃ゲッチンゲンで勉強していた折に、ドイツの自然哲学に興味を抱くようになった。彼はライプニッツの連続の原理[10]を応用することで、神経系の作用の仕方は異なるレベルにおいてもそう根本的に変わるものではないと確信した。そのころ認められていたように、もし反射が脊髄レベルにおいて機能する神経の原理ならば、脳もまた反射に基づいて作用するにはずであった（Laycock, 1845）。このことは、やや限定されていたホールの反射機能の概念が、高等動物の行動全体を支配する一般的原理へと変換されていくことを意味した。レイコックの考え方は、多くのうちのほんの最初の一例にすぎなかった。[11]

その弟子であったヒューリングス・ジャクソンHughlings Jacksonは、レイコックよりもずっと影響力のある神経学者になり、拡張した反射概念が臨床的実践において有用であることを確証した。彼は失語症のような障害を感覚‐運動系の用語で分析し、概して脳の病気の心理的症状は「感覚‐運動過程の欠如あるいは異常な発達による」(Jackson, 1931)とした。一九世紀末のほかの主要な神経学者も同様の見解を持っていた(たとえば、Ferrier, 1876)。一般化した反射図式は、イギリス以外の人々にも受け入れられた。一八六三年、ロシアの生理学者であるI・M・セチェノフSechenovは、『脳の反射』と題するモノグラフを発行し、そのなかで反射図式によって一連の高次の機能を分析しようと試みた。彼の考え方は概してロシア国外の人々には知られずにいたが、その弟子であったI・P・パヴロフPavlovには多大な影響を与え、パヴロフは二〇世紀初頭に反射概念が大衆化する際の中心的人物となった。中央ヨーロッパの生理学者のなかでも、反射の一般化した概念は一九世紀末にはしっかりと確立していた。フロイトの初期の先生であったブリュッケBrücke、マイネルトMeynert、エクスナーExnerはいずれもこの概念を認めており(Ammacher, 1965 ; Ellenberger, 1970参照)、その影響はフロイト自身が思弁的な心理‐生理学に進出することになった初期の著作のなかに容易に見つけることができる。[12]

二〇世紀初期のアメリカ心理学にとって、一般的な行動カテゴリーとして反射を使うにあたって主要な原典となったのはチャールズ・シェリントン卿Sir Charles Sherringtonの研究であった。シェリントンは実験的研究において、要素主義的な反射概念と、一般化した反射概念とをうまく組み合わせて使用した。彼は特殊な反射がどのように組み合わされると有機体全体としての「統合的」な反応が生み出されるのかを示したが、とくに姿勢の維持について明らかにした。さらに彼は、離れた受容体によって生じる反射的反応、すなわち「動物の筋肉組織が全体として、単一の機械として」(Sherrington, 1961 : 326、傍点は原典による) 関与しているような反射的反応に対しては、心理学的な意味をもつ「動能的感情 conative feeling」という用語をあてはめるところまで進んでしまった。こうしたやり方によって、明らかに反射は、人間を含むすべての有機体の行動にあてはめられる一般的な心理学的カテゴリーとして使われるようになった。この点に関する展開については、第六章と第七章で見ることにする。

4　心的エネルギーというメタファー

反射図式の一般化によって、心の働きを記述したり説明したりするのに物理主義的なメタファーが好んで使われるようになった。本質的に物理的である反射機能がすべての高等な有機体のあらゆる行為の原因となっているのならば、その有機体の心的な属性もまたその機能に依存しているに違いなかった。心理的過程と物理的過程を、本質的に物理的な同一の用語で記述してみると、そうした依存性は直感的に理解できた。エネルギーという概念は、この目的にとくに適していた。というのも、エネルギーはすでに完全に物理的に概念化されていたのだが、人々はあまり眉をひそめずに心的エネルギーの話をすることができたからであった。エネルギー保存、ならびに、関連した異なる形態の物理エネルギー変換の法則は、一八五〇年までに物理学において確立したものとなった。そのあとでは、身体的なものが心的事象にどのように影響するか、あるいはその逆のパターンを説明しようとして心的エネルギーの話をするときに、熱から機械的エネルギーへの変換という類推を引き合いに出すことが可能になった。こうした線に沿った初期のものにW・B・カーペンター（1857）の意見があり、彼は反射概念をめぐって起こった議論に優れた貢献をした。

一九世紀もらすぐ半ばというときに、ベルリンの生理学者であったエミール・デュボワ＝レイモン Du Bois-Reymond は、神経インパルスの電気的性質を決定的な経験的証拠によって実証した。これによって、物理的器官として脳のことを話す際にエネルギー論の言語を用いることが十分に正当化された。反射過程はいまや神経の「興奮」と「抑制」によって記述され、興奮とは伝導し、蓄積し、放電するエネルギーのことであった。一九世紀後半の反射作用のモデルではすべてこの種の言語が使われており、心の作用を同じ用語で話してみたいという誘惑が強かった。(13)

フロイトの『科学的心理学のための草稿』にはこの点がはっきりと読み取れる。その中心的概念は、特定の神経部位を「占める」エネルギー供給あるいは興奮の増減と、それが放電されて運動活動が生じるというものである。刺激は、外的であれ内的であれ、中枢の興奮の増大を引き起こすものとして理解されるようになった。この頃までに、エネルギー論の言語を比喩的に精神生活にまで拡大するこ

〒112-0005 東京都文京区水道2-1-1
営業部　03-3814-6861
ＦＡＸ　03-3814-6854
http://www.keisoshobo.co.jp

2005年 1月の新刊

勁草書房

論力の時代
シリーズ言葉と社会2
言葉の魅力の社会学
宮原浩二郎著
四六判　並製　定価一九九五円
ISBN4-326-19928-8

現代社会では、理性的に議論する「論力」がもてはやされ、言葉は意味を伝えるものとしてのみ考えられている。しかし、言葉の力は本当にそれだけだろうか。表現の美しさや強さによって人を魅了するような言葉のあり方もあるのではないか。現在忘れられている言葉のトータルな力を掘り起こし、自分のものにしていく道を探る。

台湾問題―中国と米国の軍事的確執
平松茂雄著
四六判　上製　定価二九四〇円
ISBN4-326-35135-7

「台湾問題」が生まれてから50年が経過した。現在、台湾海峡にはいつ戦争が起きてもおかしくないような緊張状態が生まれつつある。本書はこの問題をめぐる中国・台湾・米国の関係を主として軍事的側面から論じる。台湾を軍事的に呑み込もうとしている中国に対し、米国はいかなる対処方をとるのだろうか。

決め方の科学―事例ベース意思決定理論
イツァーク・ギルボア、デビッド・シュマイドラー著
浅野貴央・尾山大輔・松井彰彦訳
Ａ５判　上製　定価三三六〇円
ISBN4-326-50259-2

人々は過去の事例を参照しながら物事を決めていく。過去の似たような状況でよい成績を修めた行為を選びそうでない行為を避ける。本書が提示するのはそのような人間たちの意思決定である。状態空間や確率が与えられていなかったり簡単に構築できないような状況を描写するときに、従来の期待効用理論に代わって適用されるべき理論である。

アジ
危機
高安
Ａ

戦後
国際
戦後
会著
Ａ

戦後日本の

「心
感情
崎山
Ａ

勁草書房

http://www.keisoshobo.co.jp

2005年 1月の重版

心と他者

野矢茂樹著

四六判　上製　定価二五二〇円
ISBN4-326-15299-0 1版 8刷

心の内と心の外という比喩から「心」を解放し、規範性および意味の観点から、新たに位置づけを試みる。大森荘蔵とウィトゲンシュタインの哲学を継承し、批判する。

ゲーム理論の新展開

今井晴雄・岡田章編著

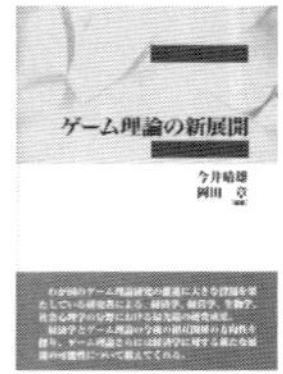

A5判　上製　定価三二五五円
ISBN4-326-50227-4 1版 3刷

経済学、経営学、生物学、社会心理学の分野においてゲーム理論研究の推進に大きな役割を果たしている研究者による最先端の研究成果。

東アジア市場統合への道

FTAへの課題と挑戦

渡辺利夫編

A5判　上製　定価三一五〇円
ISBN4-326-50247-9 1版 2刷

世界の経済成長の牽引役である東アジアでの市場統合の動向とその影響を探り、具体的なFTAの課題に迫る。問題の焦点は中国である。

メッセージ分析の技法

「内容分析」への招待

K・クリッペンドルフ著
三上俊治・椎野信雄・橋元良明訳

A5判　上製　定価三七八〇円
ISBN4-326-60061-6 1版 8刷

データを物理的事象の集まりではなく、シンボリックな現象として分析する技法――「内容分析」のすべてを人文・社会科学者および実務担当者におくる。

文化の消費者

アルビン・トフラー著
岡村二郎監訳　「文化の消費者」翻訳研究会訳

A5判　上製　定価四〇九五円
ISBN4-326-60116-7 1版 4刷

ゆとりと文化消費の増大は、個人・コミュニティ・企業・財団・政府・芸術家をどう変えるのか。財源確保への大

社会ネットワーク分析の基礎

社会的関係資本論にむけて

金光淳著

A5判　上製　定価四九三五円
ISBN4-326-60164-7 1版 3刷

社会学・政治学・経営学など様々な領域で発展をとげる社会ネットワーク分析のすべて。社会構造論から社会的関

信頼

社会的な複雑性の縮減メカニズム

N・ルーマン著
大庭健・正村俊之訳

四六判　上製　定価三六七五円
ISBN4-326-65120-2 1版 8刷

信頼というテーマを倫理や実存主義の枠から解放し、社会的メカニズムとして考察する道を拓くルーマン理論入門。

失われる子育ての時間

少子化社会脱出への道

池本美香著

四六判　上製　定価二三一〇円
ISBN4-326-65282-9 1版 4刷

「子育てをする権利」を軸に、親に子育ての時間と自由を保障することで、子ども・親・社会全体に利益があること

ケアの社会学
臨床現場との対話

三井さよ著

四六判　上製　定価二七三〇円
ISBN4-326-65296-9 1版 2刷

患者の固有な「生」を支える。看護職、薬剤師、栄養士、臨床検査技師、医師ら、その独自の営みと、協力関係が持つ意義を訴える。

経済理論における最適化 第2版
日本交通政策研究会研究双書11

A・K・ディキシット著
大石泰彦・磯前秀二訳

A5判　上製　定価三三六〇円
ISBN4-326-93027-6 2版 4刷

経済学上の応用から切り離された数学として教えられる最適化理論を、経済的直観に力点を置き経済学的応用を容易にするよう組み立てる。各章に多くの例題と練習問題が付く。

好評重版　ISBN4-326

現代言語学の潮流
山梨正明・有馬道子編著
A5判　並製　定価二九四〇円　10144-X

ソクラテス
岩田靖夫著
四六判　上製　定価二九四〇円　19835-4

シリーズ心の哲学II　ロボット篇
信原幸弘編
四六判　上製　定価二九四〇円　19925-3

資料で読む教育と教育行政
坪井由実・井深雄二・大橋基博編
A5判　並製　定価二五二〇円　25045-3

国際関係理論史
浦野起央著
A5判　上製　定価六六一五円　30108-2

現代厚生経済学入門
P・-O・ヨハンソン著　闕哲雄訳
A5判　並製　定価二九四〇円　50093-X

責任と正義
リベラリズムの居場所
北田暁大著
A5判　上製　定価五一四五円　60160-4

少子化のジェンダー分析
双書　ジェンダー分析4
目黒依子・西岡八郎編
A5判　上製　定価三六七五円　64860-0

労働法とジェンダー
双書　ジェンダー分析7
浅倉むつ子著
A5判　上製　定価三六七五円　64863-5

フリーターという生き方
小杉礼子著
四六判　上製　定価二一〇〇円　65276-4

権力の予期理論
了解を媒介にした作動形式
宮台真司著
A5判　上製　定価二八三五円　10077-X

言語哲学入門
服部裕幸著
四六判　上製　定価二九四〇円　15369-5

シリーズ心の哲学I　人間篇
信原幸弘編
四六判　上製　定価二九四〇円　19924-5

社会科学のリサーチ・デザイン
定性的研究における科学的推論
キング、コヘイン、ヴァーバ著　真渕勝監訳
A5判　上製　定価三九九〇円　30150-5

表示価格には消費税が含まれております。

金融再生
の戦略と政策

上製　定価五〇四〇円
ISBN4-326-50260-6

1997年の大規模な金融危機に遭遇した3か国の金融再建策を分析・評価し比較検討したうえで、有事における政府の役割、IMFなどの国際金融機関が果たした役割、さらにわが国国内の金融再建策の問題点と対アジア支援のあり方について述べる。

…の
…交流

…健一郎監修
国際文化交流研究

上製　定価四二〇〇円
ISBN4-326-60179-5

本書は、特に1980年代以降の活動の地平の広がりとそれに伴うアジアに対する自己認識の変化、グローバルな市民社会組織の登場と新しい活動形態による地球規模の問題への共同の取組み、多文化社会形成に関わる問題提起から、日本の国際文化交流の変化に迫る。

…代」と自己
…学の視座

上製　定価四〇九五円
ISBN4-326-60180-9

サービス産業の進展や、心理学ブームに見られる「心」の商品化。その中で、本当の感情を求めるゲームに私たちは巻き込まれ、心による支配が進む。その中でどのような戦略を取るべきか。本書は、看護職の十銭を事例としながら、心による支配を脱していく自己・感情・社会の新しい関係を描き出す。

ナラティヴの
臨床社会学

野口裕二著

四六判　上製　定価二七三〇円
ISBN4-326-65302-7

人文社会科学、臨床科学などのさまざまな領域で注目を集めるナラティヴ・アプローチ。それは、われわれの生きる現実が、「物語」という形式によって構成され、「語り」という行為によって変容することに着目する。この理論と方法を明らかにするとともに、具体的場面における応用を探求する。

表示価格には消費税が含まれております。

とは一般的なことになっており、フロイトも例外ではなかった。フロイトの「本能 instinct」理論のみならず、「カテクシス（備給）cathexis」のように精神分析で記述的に用いられるカテゴリーにおいても、エネルギー論が心理学的な形となって再び現れた。(14)

一九世紀半ばに心理学において用いられたエネルギー主義の名残は、ドイツと同様にイギリスにおいても強く認められた。この時代のイギリス心理学において主要な人物であったハーバート・スペンサー Herbert Spencer とアレキサンダー・ベイン Alexander Bain の言語は、どちらもエネルギー論を前提としていた。ここではベインに焦点を絞るが、彼の心理学的現象のカテゴリー化は、彼のエネルギー主義と密接に関係していた。この使用法が大学の心理学においても広く受け入れられるようになったのは、ベインの権威ある教科書を通じてであった。

ベインにとって、動物という有機体は食物に由来するエネルギーを「生命エネルギー」へと変換する系であり、この生命エネルギーは筋肉に流れ込み、有機体の運動によって消費される。神経系はもはや刺激効果の受動的な伝導器官ではなく、出口を探しているエネルギー貯蔵庫である。ベインは「外部からの刺激が原因として存在しなくとも、神経エネルギーが中枢で放電されるという生理学的事実」を認めている。ほかの観察もあわせると、「この構造のなかには、神経系の栄養摂取や休息のあいだに蓄積し、外的刺激因の有無にかかわらず作用を起こしている神経エネルギーが貯蔵されている、という結論を導くことを抑えられない」（Bain, 1977：328）という考えに至る。また「外からの刺激を必要としない中枢部の火」があるという（1977：329）。

しかし、この火は単純に物理的なものではない。身体的動揺状態と心的興奮状態の「一致」が存在すると仮定されており、一方の変動は他方に同様の変動を引き起こす。とくに、ベインは生命エネルギーの増加は快として表れ、その減少は苦痛となって体験されると考えた。これらの感情（快、苦痛、および快感としては中立的な興奮状態）は情動 emotion の基本要素であり、これらが情動とは何かを定義している。しかし、これらの感情は生命エネルギーの上下動を表すものなので、情動は心理生理学的なカテゴリーになってしまったことになる。前の章で見たように、情動のカテゴリーは精神哲学の内部で生じたものであり、ヒュームやケイムズ Kames やブラウン Brown にとって、「情動」は心的状態を記述するものであった。しかし、いまやそのように記述される心的状態は、特定の生理学的事象に依存するものと定義されており、情動は心的であると同じように物理的でもある。このことによって、一九世紀後半と二〇世紀のほとんどにおけるこの主題の探究において、重要な二つの影響が生じた。一方では、情動のことを語るのに「放電」「緊張」「拡散」などのエネルギーのメタファーに強く影響を受けながら、もう一方で、大学の心理学における情動の問題は心理物理的な疑問に支配されていたのである。(15)

もっと基本的なレベルでも、エネルギーのメタファーは心理学的な属性のあいだに生じた新たな区分と密接に関わっていた。心理学が生理学から借りてきたエネルギー概念は純粋に物理的なものであり、したがって方向性のないものであった。有機体が生き残るべきものなら、その運動に方向性を与えなければならない。エネルギーを適切な方向に向かわせるには、別々の制御機能と方向指示機能が必要になる。ベインは「指示する力と動かす力」のあいだに根本的な区別をし、後者は情動のエネルギーと、前者は意志と同じものとみなしていた。そこには第三の基本的な力、すなわち知性の力があったが、ベインはよきイギリス経験主義者であったので、知性の力は完全に道具的なものであった。こうした心の三分法[16]は、ずっと古くからある「能動的な」力と知性の力との二分法に取って代わった。三分法の図式は一八世紀後期、ロマン主義の衝撃が感情を意志や知性と同等の基礎的なカテゴリーとして格上げしたことにはじまる。しかし、一九世紀になるとエネルギー主義がこの三分法を再び解釈し直した。第三の心の力を定義するものは、もはや感情の経験的な質ではなく、エネルギーを与えて動かす能力であった。

だが、このことはより古くから「能動的な」力であった意志にも変化をもたらすこととなった。以前であれば、意志は心に生じた観念を世界における行為へと移す機能を有していた。しかし、こうした意志がもう不必要となったのは、物理的有機体には運動する能力が完全に備わっているからである。有機体には自分のエネルギーがある。しかし、まだ何かエネルギーの放電を適切な方向へと動かすものが必要であり、これが意志の新しい役割となった。だが、意志が物理的エネルギーの流れに影響を与えるのであれば、その作用は準物理学的用語で考えられねばならない。このことは、水路のイメージを喚起することで可能になった。意志は、エネルギーが流れる正しい水路を提供するように作用する。しかし、そのためには、意志は有機体のエネルギー経済に場所を確保しなければならず、なかでもそれが自然な力とみなされねばならなかった。ではその場合に、この意志はまだ根本的に明白な精神生活のカテゴリーと考えるべきなのだろうか。当時普及していた心理生理学の通俗的なカテゴリーを受け入れてしまった一九世紀末ともなると、この疑問に対して肯定的に答えることがますます難しくなった。意志は衰退し、ほどなく科学的心理学から消えてしまったのである。

第五章　知能を地図に載せる

1　生物学的ルーツ

有名な科学史家の言葉によれば、「心理学者が現在、慣習的に理解している知能は、現代的な観念にすぎない」(Daston, 1992 : 211)。実際、一九〇一年に出版されたボールドウィン Baldwin の包括的な『哲学・心理学辞典』には「知能 intelligence」という独立した項目は載っていない。読者は「知性 intellect」の項を参照できるだけで、そこでは「知ることのできる能力」と定義されている。この時点で、「知性」は明らかに哲学的心理学の技術的語彙の一部であって、ある明確な心理学的実体を指していたと考えられるが、「知能」は単なる同義語であって、それ自体は特別な科学的意味を持たなかった。イギリスの知能検査のパイオニアであるチャールズ・スピアマン Charles Spearman

は、この二〇年後にまだ「今日に至るまで、最上の教科書と認められている数多くの――おそらく大半の――心理学の教科書であっても、本の最初から最後まで《知能》という用語にふれてさえいないのだ」(Spearman, 1923：2) と不平を言っていた。

それにもかかわらず、二〇世紀の早い時期に「知能」は突如として数多くの心理学者のあいだで流行の科学的専門用語になってしまった。イギリスの心理学者は一九一〇年に、アメリカの心理学者は一九二一年に、それぞれ「知能」の意味について広範な議論を展開したが (Myers et al., 1910；Thorndike et al., 1921)、誰もこの用語の指し示すものが明確であることを疑わなかったし、「知性」についてはほとんど注意を払わなかった。

このあいだに何が起こったのだろうか。根本的な意味は変わらずに、ただ言い回しが変わっただけの、言語的な変化にすぎないのだろうか。それとも、この言語的な変化をもっと興味深い変化が起こっていたことの徴候と考えるべきなのだろうか。このあいだに起こった変化のひとつは明らかである。知能検査が開発されて、一九二一年の頃には知能は確実に心理学という地図の大半を占めるようになっていたのである。だが、このことは「知能」という語が突如として心理学のなかで生きることになった理由を教えてくれるのだろうか。ある意味ではイエスである。たしかに、広く大衆に知られたテクノロジーの存在は、新しい流行語が意味する独自の領域を作りあげるにあたって決定的な役割を果たした。しかし、またノーでもある。知能検査が開発されたから、という答えでは、ただ質問をひとつ前に戻しただけにすぎないではないか。結局のところ、なぜ新しい検査は「知能」検査とよばれたのだろうか。「知性検査」でもよかったし、知能検査の先駆者がしばらくそう呼んでいたように、単に「精神検査（メンタルテスト）」（Cattell, 1890）と呼ばれてもよかったではないか。なぜ、このように限定したのだろうか。ほかでもないその検査を「知能検査」と呼ぶためには、検査者が何を検査しているのか、あるいはすくなくとも何を検査したいと思っているのかについて、何らかの先入観があるはずだ。この先入観はどこから来たのだろうか。

おそらく、このような先入観は一九世紀の学者で、英米の知能検査第一世代に影響を与えたフランシス・ゴールトン Francis Galton から来たものであろう。しかし、ゴールトンが「知能」という用語を使うのは、概して「知性」と交換可能で注意深く定義する必要のない日常用語として使うときのみである。彼の人間の差異に関する研究のなかでもっと体系的に使われている用語は「自然な能力」であり、これは明確に定義されている。だが、彼の「自然な能力」の定義は二〇世紀の知能の同義語とみなせるものではない。「自然な能力によって私が意味するものは、人に名声をもたらすような行為をさせたり資格を与えたりするような特性をもつ知性や傾向性 disposition である。熱意のない能力や能力のない熱意、あるいはその両者の組み合わせはもちろんのこと、骨の折れるような仕事をたくさんこなすのに十分な力がないものは意味しない」（Galton, 1962：77）。このゴールトンの考え方は、知能検査の検査者が研究対象を定義したやり方とは異なる。知能検査における（検査者と被検者の）組み合わせ（バッテリー）は「熱意」を検査するために作られたものではなかったし、この検査が遂行できるかどうかは、それが骨の折れる仕事かどうかよりも、能力のほうに確実に依存していると考えられていた。

ここで、一九世紀の「一般的能力」から二〇世紀の「知能」への概念的移行を考える際に留意しておきたい第一のポイントは、後者の意味する範囲がずっと狭い点である。これらの概念が用いられてきた社会的文脈を考えてみると、この知能という概念の偏狭化がよくわかるようになる。ゴールトンは一般的な種類の人生における業績、職業的成功、知的認識について関心をもっていた。知能検査者は学校制度にその出発点を持ち、学校制度を基盤として仕事を続けていたのであって、検査者の主要な関心はこの制度の比較的狭い範囲内における成績、いや、むしろ成績の悪さにあった。彼らは教師が自分たちできわめて容易に評定できる「熱意」や厳しい仕事ではなく、学業の能力capacityを評定するために雇われたのである。

「知能」という用語が日常的用法から体系的な科学的言説へと最初に格上げされたのは、心理学ではなく生物学においてであった。これは進化論の生物学者が動物の行動を分析する文脈において起こったものである。一八八二年に表題に「知能」という語の入った本が現れた。ジョージ・ロマーニズGeorge Romanesの『動物の知能』である。この表題はあとでE・L・ソーンダイクも使った(Thorndike, 1911)。この本でロマーニズが関心を持っていたのは心の進化であり、動物も推論ができるかという問題はもちろんこの関心の鍵となる要素であった。人間の理性の性質に関する論考には由緒ある伝統があったが、これまでの論考は、進化論という新しい言説においてはどれも特に適切とはいえない。いまや論じられているのは、理性を所有しているか、いないかという問題ではなく、程度の問題であった。アリストテレス主義やデカルト主義の伝統とは対照的に、人間はもはや理性を所有しているＨ唯一のものではなく、ただ理性を多めに持っているだけであった。人間が動物とある程度共通に持っている推論は、人間と動物を区別してきた推論と同じものではなかった。ひとつには、言語との必然的な連関がなくなってしまったためであり、二つめには、この概念はもはや共通の基準ではなく、体系的に秩序づけられた差異を定義していたためである。だが、「理性」という用語は古い概念と密接に関連していたので、ロマーニズはそれを新しい用語で置き換えて、新しい言説的文脈を合図しなければならなかった。その用語が「知能」だった。これまでの伝統的な理性の定義を批判したあとで、ロマーニズは次のように書いている。

より正確には、理性という語は類似や比率の認識力を意味している。（中略）しかしながら、この能力には無数の段階があり、低次の段階の現われを示すときに理性という語を使うのはいささか変に思われる。このような場合に、私はしばしば「知能」という語で代用する。（Romanes, 1882 : 14）

一九世紀末の数年に、この知能の用法は、有機体の相対的な問題解決能力[1]に関する進化論の言説において、しっかりと確立した。たとえば、ロイド・モーガン Lloyd Morgan の著作には、この用語がたくさん出てくる（Morgan, 1886, 1891, 1892, 1898）。

ロマーニズは、ある種の推論能力が発達の過程で生得的に変化しうることを示すラベルとして「知能」という用語を選んだが、それよりも一〇年前に、すでにダーウィン自身の著作のなかにそのような能力のための概念的な適所(ニッチ)が用意されていた。ダーウィンは『人間の遺伝』において、彼の進化論は「精神力 mental powers」と呼ばれる差異——人間を含むさまざまな種のあいだにみられる程度の差異——を必然的に帰結すると説明していた。ダーウィンはつぎのように書いている。

人間以外の有機的存在がいかなる精神力をも有しておらず、あるいは人間の精神力が下等な動物のそれとは完全に異なる性質のものであったならば、われわれは自分たちの高度な能力が次第に発達してきたものであると確信することはできないはずである。しかし、この種の根本的差異が認められないことは明らかに示されている。最も下等な魚類のひとつの精神力と高等な類人猿の精神力のあいだにみられる隔たりは、類人猿と人間のあいだの隔たりよりもかなり広いものであることも認めねばならない。それでも、この広大な隔たりは無数の等級によって満たされるのである。(Darwin, 1981 : 35)

同時代の学者の多くと同様に、ダーウィンは生得的に等級のある精神力という概念を、すぐに人間の集団間の差へと拡大した。彼は続けて書いている。

抽象的な用語を使わない未開人とニュートンやシェークスピアとのあいだにある知性の差異もまた

小さくない。高等な人種の最高の人物と低級な未開人の最高の人物とのあいだにあるこの種の差異は、非常に細かい段階的変化と関連している。（ibid.）

ダーウィンにとって変異性は、彼が「人間の知的かつ道徳的能力」と呼んでいるものの根本的な属性であり、さらに「変異が受け継がれると信じられる理由が十分にある」とつけ加えている（ibid.：159）。まだラベルはなかったが、やがて「知能」というカテゴリーによって埋めつくされるような概念的余白をもった枠組みをダーウィンはたしかに持っていたのである。

ダーウィンが言語の使用にそれほど保守的でなかったならば、のちの使用法に多大な影響を与えたと思われる二つの新しい発展を利用したことだろう。そのうちひとつは一九世紀のフランスで起こったが、それはちょうどラマルク主義の進化論によって、動物における推論の進化の可能性について、かなり活発な議論が巻き起こされた頃であった。しかし、人々は、伝統的に最も人間的な特性と考えられている理性が、おそらくは程度の問題であろうが、動物とすくなくとも部分的に共通するところがあるという考え方には気が休まらなかった。一八二二年にキュビエ男爵 Baron Cuvier は、動物たちの合理的行動に近い妙技を論じる文脈において、自分の権威をかなり強調しながら、理性ではなく、知能 l'intelligence という用語を使うことを提案した（R. J. Richards, 1987：67）。この習慣は根をおろしたようであり、フランスでは科学的言説におけるこの用語の地位が認知されたが、同じ頃のイギリスではまだその言葉が地位を得ていなかった。一九世紀が進むにつれて人間の理性という概念が白然化されていくと（Daston, 1992）、この用語は多層構造を想定した人間の認知のことを指すようになった（たとえば Taine, 1872）。ビネ Binet が世紀末に議論に加わるまでに、進化論的関係のほうはすでに仕事が終っていた。残されていたのは、本質的に層構造あるいは段階を有する認知の概念であった。

英語では、このフランス語の新語はなかなか採用されなかった。だが、ダーウィンの『種の起源』が出る四年前の一八五五年にハーバート・スペンサー Herbert Spencer の『心理学原理』が出版されると、新しい時代がはじまった。スペンサーはひたむきな進化論者であり、生物科学としての心理学のヴィジョンを予告しただけでなく、そのような科学の中心的概念としての「知能」のカテゴリーをも提示した。「知能」とは、心理学的および生物学的変化の双方にまたがると考えられた基本的な過程に対してスペンサーが名づけたものである。スペンサーにとって心と有機体に関する本質的なことは、それが環境に適応しなければならないという点にあった。その適応は決して完璧なものになることはなく、まったく程度の問題であった。適応がよければ、知能のレベルも高い。こうして、いまやこの用語はある行為が有する（あるいは有しない）かもしれない特質ではなく、より満足なものからより不十分なものまで段階のついた一連の行為を記述するものとなった。スペンサーの宇宙ではあらゆる生命体がつねに試験を与えられて、その反応の適切さがその生命体の知能のレベルとなっている。適応の個々の内容については、それによって優秀さの階層構造を構成することができるという点でしか関係がない。「知能」は本質的に比較をするような概念によって定義されるようになったが、その概念とは試験における成績の優秀さという抽象的見解を指すものであった。

単に日常的に用いられる無数の心理学用語のひとつ、あるいは学問的には相当の地位をもつ用語である「知性」の同義語としてだけではなく、特殊な理論的意味をもった専門用語として「知能 intelligence」が再登場するのは、スペンサーの進化論的哲学においてである。スコラ哲学やデカルトの哲学において intelligence はある特殊な意味をもっていたが、スペンサー的「知能」とその哲学的祖先との対比は、これ以上ないほど際立っていた。哲学的伝統ではこの用語は物質界と非物質界との根本的相違と密接に関連しており、後者に関して特異的に用いられていた。そのため、かつてはふつうに用いられ、いまや古語となってしまったが、それでも理解できる霊的存在 divine intelligence という考え方があった。人間が知能を有していると言えるのは、霊的存在としてであった[(2)]。対照的に、スペンサーはたいへんな骨を折って生物の物質的および心的特徴を完璧にまとめあげた。人間は生物学的存在としての地位によって知能をもっているが、この地位は人間を心的にも物質的にも適応という鉄の法則の支配下におくだけでなく、最も下等な有機体から天才的人間まで、連続的に自然の段階がついた秩序のなかに位置づけたのである。

世界は競技場であってそこでは生物がつねに試されているという世界像は、スペンサーの独自の考案ではなく、ダーウィンやゴールトンがたしかに共有していたようなヴィクトリア朝時代の一般的な信念に基づくものであった。ダーウィンらはその信念を科学的に実りあるものにするようなパラダイム的な貢献をしたが、哲学者であるスペンサーは、科学的語法がしだいに彼の用語と合致するようになったときに学者としてのピークを迎えた。動物の行動を研究したダーウィンの弟子たちが、自分たちの学問の対象として「知能」という用語を採用したとき、実質的にはスペンサーの語法を採用したのであった。この知能は、抽象的な課題の遂行と関連した、生得的に段階のついた生物学的特徴であった。

当初から、生物学的／進化論的知能のカテゴリーが置かれたのは、人間の集団を優秀さによって段階づけた階層構造を合理化するためであった。ヴィクトリア朝時代の知能に関する言説に貢献した英語圏の学者のなかでは、動物の知能の尺度の最上位に人間を置くことは、その基準に従って人間をより上位と下位とに区分することをつねに伴うものであった。こうした順位はかならず人種の基準によって区別され、またほとんどかならずといっていいほど性別や社会階級によって区別された。人間と動物とのあいだの古代からの深い溝が橋渡しされると同時に、生物学的知能という新しいカテゴリーは異なる人種間の溝を是認してしまった。人種間の溝は、いまや自然の秩序（神の属性を反映したものと専門家は仮定した）の産物として見なすことができるようになったのである。

知能が生物学的カテゴリーになったのは、生物学が経験的な科学的方法を応用する分野となったからである。そのような方法が生物学的な知能にも拡張されるのは時間の問題であった。最初のうちは、こうした研究は「動物の知能」に限ったものであったが、一般的にはダーウィン的な視点によって、もっと厳密にいえばゴールトン的な優生学の計画によって、「知能」の研究を人間へと拡張するための明確な免許が与えられた。ゴールトンの後を継ぐ者として、彼の伝記を書いたカール・ピアソン

Karl Pearsonと、引退したインド軍技術者であったチャールズ・スピアマンの二人が同時期にこの免許に基づいて行動した。一九〇四年にピアソンは人間の心的特徴の遺伝に関する研究を出版したが、そこには、知能の程度によって定義された「能力」が含まれていた（Pearson, 1904）。同じ年にスピアマンは「一般知能」に関する最初の論文を発表した（Spearman, 1904a）。続いて二年後にピアソンは「頭部の大きさおよび形状に対する知能の関係、およびほかの身体的・心的特徴に対する知能の関係について」と題する研究を発表し、スピアマンは生涯の残りを「知能」の研究に捧げた。この段階でピアソンもスピアマンもパリで起こっていたことにまったく気づいていなかった。英語の専門的文献に知能という用語が科学的にはじめて登場することと、ビネの知能検査とは無関係であった――ビネの知能検査がその使用を進めたことは疑いもないのであったが。一九〇八年ごろから英米の研究者が「知能」というラベルとともにビネの検査を知るようになったが、その頃になれば、すでに存在していた概念的図式にビネの検査を同化させることは難しくなかった[3]。

2　現代の知能とは何でないか

二〇世紀の知能の概念と知能検査という社会的実践との関係に戻るまえに、現代の『知能』という用語が行ってきた概念的作業についてもっと詳細に見ておく必要がある。ほかの抽象的カテゴリーと同様に、「知能」というラベルは類似点や相違点から成るカテゴリーのネットワークのなかに位置を占めた。それぞれのカテゴリーの意味の重要性を理解するためには、類似点も相違点もともに大事である。類似点によって分かるのは、ひとつの特定の極によってあるカテゴリーを定義するのに何が考慮されているのかであり、相違点によってわかるのは、そのような特定の極を方向づけの手段として使う人たちにとって何が重要であったかという点である。これまでもさまざまな歴史的時代や文化的背景において、広範囲にわたる多様な点が重要な相違点として考えられており、心理学的カテゴリーの意味もそれに伴って変動してきた。

現代の「知能」において相違点が果たす主要な役割とは何なのだろうか。知能が生物学に起源をもつ科学的用語であったことを考えるならば、一九世紀の動物心理学者の著作において知能と本能の対比がしばしば強調されていたのは不思議なことではない。「本能と知能」は、現代の知能概念について論じた最初の心理学シンポジウムのタイトルでもあった（Myers et al, 1910）。この対比において、個体の適応力や学習の結果生じた行動と、常同的で生得的なパターンに基づく行動とのあいだには明白な相違点がある（無論、個体の適応力の段階が異なることも生得的であると考えられていた）。本能と知能の二極対立は、道徳的に中立的な認知的枠組みという単純なものではなく、相対的な価値についての判断をはっきり具現したものであった。明らかに人間のレベルでは本能よりも知能が優先されているが、このことは知能が表す特性に優れた評価が与えられていることを表現していた。

知能は本能とどう異なっていたのだろうか。第一に、知能は個体の経験に依存していたが、本能的行為は——しばしば高度に適応的であったが——一般的に個体の学習に関係がないものと考えられていた。第二に、知能に基づく行為は柔軟性に富み、融通がきくのに対して、本能的行為は柔軟性に欠け、固定していた。こうした相違点はつねにこの用語に見られるというわけではなかった。より古い本能の概念ではその常同性よりも「賢明さ wisdom」のほうが強調される傾向があったし、また知性の古典的見解では、一般的に知性は個人を超えた重要な側面によるものと考えられていた（第二章参照）。二〇世紀における本能‐知能の区別の基盤が、都合の悪い経験的観察が見出されてもずっと堅持されているということから見て、この区別の基盤は科学的研究の要請よりも個体の柔軟性という文化的に是認された価値に負うところが大きいのではないかと疑いたくなる。

しかし、概念的に対照的な一組の極として本能と知能があるとすると、類似点のほうはどのように想定されているのであろうか。本能と知能は、同一の言説の枠組みのなかで比較する意味があるほど、何かを共有しているのだろうか。この疑問に対する答えは、すでにこの章の最初のセクションでなされている。いったん知能が生物学的カテゴリーになれば、自動的にそうしたカテゴリーのネットワーク内に位置を占めるようになり、今度はそのネットワークが知能の意味の定義を手助けするようになる。知能と同様に、「本能」は適応の問題を扱っているために、とくに明瞭な意味をもっている。

「知能」は生物学的な思想や言説に深く埋め込まれていた。ここが「知性」や理件といったずっと以前のカテゴリーと異なる点である。もし「知性」にはなかった段階的な変化という意味をつねに「知能」がもっていたとすれば、これは生物学的概念という家系において一族がもっているひとつの側面であることを示した。知能という疑似科学的概念が登場したのは、人間の生を生物学的カテゴリーのもとに包摂するという一九世紀後半の強力な傾向の結果としてであった。それ以前には「知性」「知的能力 intellectual faculties」などの概念はあっても、現代の「知能」のような概念は必要なかった。

「知能」と「知性」はある意味で実際に対立していた。というのは、これらの概念は正反対の衝動の産物であったためである。「知能」が人間とそれ以外の動物の連続性に基づく言説の一部として現われたのに対して、「知性」は伝統的に人間特有の属性を説明しようとする試みのなかで使われてきた。第二章で記したように、アリストテレスは人間のプシケー psyche の特徴を、ほかの生物のプシケーと共通のものと人間のプシケーに特有のものとに区別した。後者は知性 intellectus と翻訳されて、アリストテレス主義的スコラ哲学を介して、近代初期まで生き残った。「知性」は人間に特別の属性であって、人間以外の動物に見られる何物とも根本的に異なっており、この属性を人間の論理的推論や概念的思考や抽象作用と同一視することは珍しくなかった。デカルトにとって人間の生と動物の生という区別は当然このうえもなく重要であったが、彼は「純粋知性 pure intellect」(「純粋悟性 pure understanding」とも翻訳された)という概念さえも発展させて、知性が感覚的経験や漸次的学習のようなものにも還元できないことを強調した。こうした見解は影響力のあったデカルト主義の伝統のなかで生き続けた(たとえば、Malebranche, 1980 を参照)。

新しい生物学的な知能の概念がギリシア・ローマ的語法と相容れないことは、その語法にすでに関心を抱いていた者の注意を惹かずにはいられなかった。ドイツのイエズス会士であったエーリッヒ・

ヴァスマン Erich Wasmann は、知能が人間と動物とに共通であって、相違は程度の問題にすぎないという見解に対して仮借ない非難を浴びせた（Wasmann, 1897）。彼は動物の行動に関する分野では有名な研究者で、とくにアリの行動に関する経験的観察をドイツ、オーストリア、オフンダの標準的な科学誌に発表していたので、科学に無知な輩を代弁していたわけではない。しかしながら、以前の時代の概念的区別が染み込んだヴァスマンのような人物にとっては、人間を人間たらしめているのが知能であるのだから、動物の知能というまさにこの概念がナンセンスなのであった。言うまでもなく、彼の反動的論議は現代の知能概念の前進にとって何の目立った効果も与えなかったが、この分野で起こった概念的変化がいかに大きいものであったかを強調するのには役に立つ(4)。

実際に、二つの主要な変化が起こった。ひとつは知能の生物学的カテゴリーへの変換であり、この章の主題である。しかし、この変換は第三章でみたような急進的な理性の主観化がなければ不可能であっただろう(5)。アリストテレスやそれ以前へとさかのぼる古典的解釈は、事物の理性的秩序を表すカテゴリーと、その秩序を理解するために人間の能力を表すカテゴリーとを扱ってきた（第二章参照）。一七世紀末であっても、こうした考え方の余韻がジョン・ロック John Locke――のちの発展に至る道筋を示した哲学者――の著作にも依然としてうっすらと残っていた。ロックが新たに考案した「観念の連合」について語るようになったとき(6)、彼は観念が結合する二つの方法を「偶然あるいは習慣によるものと、「自然の類似」によるものとに区別していた。前者のような結合の種類は観念の連合によって生じるが、後者は「われわれの理性の優秀さ」による。観念の連合はときに「不条理」や狂気にさえも至り、つまり、事象の自然な秩序と生得的に調和している合理性が失われる事態へと至る。人間の能力は世界の理性的秩序を認識できるという ロックの未練がましい信念は、一八世紀になると疑わしいものになってくる。とくにデイヴィッド・ヒューム David Hume に代表される懐疑主義は、単に習慣的であるようなものと純粋に理性的なものとの区別を廃し、人間の理性は観念の連合の力学による支配下で操作されるとする傾向がある。これは知的活動を純粋に道具的に理解することに道を開くものである（第三章参照）。理性がなしうることは、個人の目標に到達するために最もよい手段を見つけることであって、最良の目標を見つけることではない。合理性は世界に属する何かではなく、個人にのみ属するものである。物事はただそうあるようにあるのであって、人々はそれを最大限利用するように装備されている。いずれ時が来れば、この装備は個人の生物学的構造によるものと考えるようになるであろうが、その帰属がなされるためには、まず人々が知性を個人の目標のために用いられる装備のひとつとして――腕や脚のような道具として――考えることに慣れる必要がある。実際、そのような見解は古典的な見解に慣れていた人々には奇異に映ったことであろう。[7]

3　普遍的教室

一九世紀の生物学的知能の概念において、それまでの伝統的見解は途絶えてしまったが、この断絶は単に考え方のレベルに留まらなかった。宇宙にはさまざまに段階の異なる形態が存在するというスペンサー的な生命像は、産業資本主義や植民地主義によって変わってしまった一九世紀の世界においては、明らかにひとつの真理を表しているように思われた。またそのスペンサー的生命像は、報酬は必然的に生得的な価値や才能に応じて配分されるべきであるから、世界の全体的な不均衡は事物の自然な秩序を反映したものにすぎないという敬虔な信念をも表していた。

一九世紀の産業資本主義は、価値には普遍的に（単一ではなく）さまざまな段階があるという考え方に適した環境を与えるだけでなく、この考えを社会的に効果のあるテクノロジーへと変換する技術をも提供した。そうした技術のなかには、⑴人間の労働の標準化、⑵労働を特殊な作業へと区分すること、⑶労働活動を量的測定によって出力させること、⑷労働活動の内容と社会的目的を区別するための訓練方式の行使（労働者は伝統的な共同体の活動には含まれていない課題を理解し、すすんで実行するように学ばなければならない）があった。

産業化の過程が国々を席捲すると、それらの国では教育制度を新しい成人の生活条件に合わせた。教科書や学習要領（シラバス）は標準化されるようになり、学校の一日は時間が定められた「授業時間」によって厳密に細分され、各授業時間には異なる専門科目があてられた。試験はより浸透して形式的になり、筆記試験（それによって出力の照合可能な定量化が可能になった）が口述試験に取って代わるようになった。[8] 学校の授業は以前と異なって組織化されただけでなく、普遍的で義務的にもなった。それは、新しい労働訓練の制度がそれ以前は手の届かなかった若者たちの一部にまで拡張されたことを意味した。新しい制度において、問題はいまや格段に悪化した。

主要な一連の問題は、説明義務をめぐるものであった。学校教育の合理化は教師にも生徒にも影響を与えた。生徒の勉学もまた標準化された規範にあてはめられ、出力の定量的測定は生徒の成績を評価するのに用いられるとすぐに、教師の仕事を評価するためにも使用された。実際、教師たちが伝統的な地域における自治権の大半を失って、もっと干渉的な官僚的構造の最下位の段に自分たちが位置するのを見出すようになると、彼らはますますその教育的努力の結果について説明義務があると考えるようになった。別のレベルでは、納税者たちが、公立の学校教育に費やされる多額の予算が、得られる結果から考えて効果的に使われていることを再び保証してもらいたいと思っていた。

大望を抱いた親たちや、気がかりな経営陣や、疑い深い納税者の代理人などの期待に対して、新たに合理化された学校制度内で得られる結果は、あいにく、よい印象を与えるとは言えないことが多かった。教育が教育的出力の生産制度へと変わってしまった結果、その制度の内部にいる誰も——生徒、教師、経営陣——が、この制度が効率よく機能しなかったことがわかった場合に、潜在的に説明義務をもつことになった。そのような状況で弁護する際に誰もがいつも思いついたことは、失望させるような結果を残した責任を生産過程ではなくて原材料の品質の悪さに、すなわち生徒の生得的な才能へと転嫁するということであった。さまざまな社会的課題に対して適性がある人もいればいない人もいるという一般的認識があったので、道徳的に非難されるべき怠け者として咎められた（成績の悪い）生徒も、結果（学校の成績）の悪さに対する説明を求められた教師や経営陣も、自分や生徒が学校の勉強に生得的に適していないといって議論した。したがって、「聡明さ」「頭のよさ」「鈍さ」「頭の悪さ」などの差別的な言説は、新しい制度にとって避けることのできない特徴となった。一九世紀末に近づくにつれて、社会的問題に生物学的解釈を与えるという流行が教養のある人々のあいだにますます広がっていくようになると、「聡明さ」などの伝統的な社会的ラベルを生物学的な優劣の見解と結びつけようとする傾向が高まっていくのが見出せる。先にふれたピアソン（1904）やスピアマン（1904a）の著作には、こうした関連づけに科学的基盤を与えようとする試みが見て取れる。

新たに合理化された一九世紀後半の教育制度は、知的欠陥という現象を社会的問題としただけではなく、この問題を扱うための社会的テクノロジーの発展を可能にする手段も生み出した。一九世紀の学校における試験という合理化された制度の発展がなければ、二〇世紀の知能検査というテクノロジーはありえなかったであろう。厳密な達成基準に対して評価される一種の成績 performance として知的活動を扱うことができるという見解に普遍的な妥当性を与えたのは、この新しい学校教育制度であった。体系的で形式的な試験はこの見解に実践的な表現を与えた。しかし、これまで見てきたように、この新しい社会的実践の結果を説明するという問題は避けられなかった。試験の成績が悪かったら、誰が責任を負うべきで、何をなすべきなのだろうか。

この点で、明らかにもうひとつの選択肢があった。失望するような結果を生み出した制度に批判的態度をとって、それを変えるべきだと主張するのである。何人かの教育改革者がこの道をとった。代わりに現存する制度を受け入れ、それがうまく働くように改良を試みることもできた。心理学者がとった道はこれであり、その途上で心理学者ははじまったばかりの自分たちの学問分野を実際に有名にしたテクノロジー――知能検査というテクノロジーを考案した。

このテクノロジーの誕生を理解するためには、一九世紀末の時点で、学校のさまざまな試験制度とは異なる、別の調査制度があったことを心に留めねばならない。それは医学の検査であり、日常的に人々は医学の専門家によって社会的適性を検査してもらっていたのである。これはまた一九世紀に異なる発展を遂げたが、そのことについてはここで追求するには及ばない。このことが意味するところは、そこから先は学校の試験官の権限が及ばずに、医者の権限に引き継がれるような境界があったということである。当初、知能検査はこの幾分曖昧な境界を好都合な条件として利用することで定着した。医学的検査は一般に、ある者が精神病院のような医学的に管理された施設に入れられるべきかどうかを決定するために用いられた。学校の試験のほうは、教育施設において多数の者が相対的に成功しているかどうかを決めるために用いられていた。しかしながら、普遍的な義務教育はかなり大きなカテゴリーを生み出すこととなり、そこに属する者は学校でひどく落第をしても、精神病院行きの候補者になるとは思えなかった。やがて、そういう者たちのための特殊学級と特殊学校が作られるようになったが、それはおもに通常の教授過程に悪影響を与えたからであった。しかし、どうやってこの特殊な施設に入れる者が選ばれたのであろうか。そのために普段の学校の試験のみを用いることは疑問視された。単に動機づけの低さや、不幸な家庭環境や、教師との反目などを反映してしまうかもしれなかったからである。一方で、この子どもたちには医学的介入が適切だと思われるような異常が見つからないこともよくあった。加えて、この領域の医学的検査は時間がかかって、高くつくうえに、あまりあてにならなかった。

初期の知能検査はこのギャップを埋めるために考案された。[9] 知能検査は一種の雑種形であり、教育的実践と医学的実践の双方から要素を借りてくることによって、たがいが対抗しているあいだに漁夫の利を得ることができた。心理検査官は学校制度内で先にいた医学の専門家の役割をまねていたが、アメリカでは疑似医学用語を用いるのが好都合であることもわかった。しかし、実際に用いられたテクノロジーは、一九世紀の医学よりも一九世紀の教育に負うところが多かった。このテクノロジーで最も重要な構成要素は、第一に標準的な検査問題に対する解答を規範と比較することであり、第二に成績の規範の根拠として、年齢によって段階がつけられた同世代（コホート）を用いることであった。前者の実践は次第に厳格になっていった学校試験の文脈において発展してきたものであり、後者は学習要領の官僚的使用——年齢によって分けられた学校の学級において期待する学力が異なることを制定していた——によって、おなじみのものであった。そこからビネの「精神段階 mental level」——ほかの人によって「精神年齢 mental age」に変えられてしまった——の概念まではほんの少しであり、そこでは知的年齢の差は本質的に質的なものというよりも量的なものであることが示唆されていた。

その内容において、新しい検査の項目の一部は、とくに低年齢のレベルにおいては、現存する医学的実践を利用していた。その場合、子どもは単純な要求に応えたり、よくある言い回しの意味を理解している証拠を示したりするように言われた。それから、語彙の検査や、暗記、韻をふむ能力といった学校のような課題が、それよりもいくぶん高い年齢のレベルで用いられた。それ以前の心理学的研究もまた項目の内容を選別する上で役割を果たしていた。こうして結果として生まれた道具は、特殊な実践的要求に合わせて作られた、異なる成分から成る合金であった。

これは明確な心理学的実体を検査するために考案されたものではないという理由で、几帳面にもビネはこの道具を「知能」尺度と命名した。ビネが認識しているところでは「心理学が関係するほとんどすべての現象が、知能の現象である」という事実を反映するほどに、知能は「非常に曖昧、かつ非常に包括的な単語」であった（Binet & Simon, 1916：42）。「知能」に該当するすべてのものに共通な特徴としてビネが表すことができた最上のものは、それが「判断」のカテゴリーを惹起するということである。しかし、判断とは何であろうか。それは「良識、実践的な分別、物事をはじめる才能、自身を周囲に適応させる能力」であり、「その変化や欠如が実践的生活にとって最高に重要なものとなる、基本的な能力」である（Binet & Simon, 1916：42）。およそ厳密な科学的定義とはいえない代物である。しかし、もちろん、そのようなものをビネが求めていたわけではない。彼が関心をもっていたのは、日常的な状況において、ある子どもが知能に足りないところがあるかどうかを判断するときに、意図された無数の意味のうちすくなくともあるものを反映するような実践的装置を生み出すことであった。尺度を構成する項目は線で描いた面のようには重ね書きできないのであるから、自分の尺度は実際に「知能」と呼ばれる実体を測定するものではない、と彼は主張していた。ある人の全体的得点をこの尺度で計算することもあるかもしれない。だが、そうするのは、単に「錯覚」を避けようとするなら、全体の得点を計算するのが実践的に好都合だからという問題にすぎなかった。

しかし、ビネの小さな装置は、すぐにそれ自身の生命をもつようになった。このことが起こったのは母国フランスの地ではなく、アメリカやイギリスでであった。フランスでは知能を単一の数字に還元することに何の熱意も示されなかったのだが、アメリカやイギリスではビネの検査がすぐに翻訳され、改変され、人類に対する新しい心理学の偉大な贈り物――IQ検査として、荷造りされたのである。このテクノロジーには一群の専門家――イギリスではスピアマンやバートBurtが、アメリカではゴダードGoddard、ヤーキーズYerkes、ターマンTerman――が割り当てられたが、彼らの「知能」の理解はこの章の最初に論じた一九世紀の生物学的モデルに基づいていた。このあとになると、知能検査における個人の合計得点は、身長や体重のように多少とも個人が有する独自の実体を測定したものとして解釈された。この実体は人々のあいだに不均衡に分布しているだけでなく、社会階級（イギリスの心理学者がとくに関心を抱いた）や人種（アメリカの心理学者がとくに関心を抱いた）のあいだにも不均衡に分布していた。身長や色素のような身体的特徴と同様に、知能と呼ばれる実体は遺伝によって受け継がれるとも想定されていた。このような概念的枠組みに挿入された知能検査は、限られた目的しかもたない純粋に実践的な装置から、母集団全体へ応用可能な浸透力のあるテクノロジーへと転換していった。[10]

フランスの研究者も英米の研究者も自分たちの経験的データを学校場面で集めていたが、その意図はかなり異なっていた。ビネとシモンは、教育の専門家を助けながら、異なる学習計画に対して生徒の適性を決める道具となる方針を与えるという技術的課題に自分たちの研究を限定していた。しかし、ゴールトンに影響を受けた者たちは、このような謙虚な職人的課題には少ししか関心を抱いていなかった。彼らは壮大な優生学のヴィジョンに魅了され、一般的な人間の価値の根幹を解明したいと思っていた。知能のカテゴリーは、学校の生徒のあいだにみられる相対的な学業の成功と、社会階級、人種、個人のあいだにみられる相対的な人生の成功とのあいだにある隔たりを橋渡しするのに役立つと思われた。

人生という大宇宙(マクロコスモス)の重要な特徴を反映している一種の小宇宙(ミクロコスモス)として教室を見なすことができるかぎり、ゴールトン主義者にとって学業の成功や失敗はこのうえもなく重要なことであった。二つの世界の橋渡しは、双方をともに競争のための競技場として概念化することによって確立した。学校は、生得的な才能が検査にかけられる競技場として見なすことができる範囲で、人生のモデルとなった。しかし、人生そのものが競技場であって、そのなかで個人や集団がつねにその相対的「適合度」を検査されていると見なされるようになってはじめてそれが可能になったのである。ゴールトンが「私は社会的・職業的生活とは絶え間ない検査であるとみなす」(Galton, 1962 : 49) と宣言するとき、彼は現代の知能概念において優勢な考え方をわかりやすくするような世界観を表明していた。

きわめて初期の頃から、この概念には世俗的なものと壮大なものという二つのバージョンがあった。成績の尺度は生得的に段階があるという見解は共通であったが、世俗的なバージョンでは、その尺度は時間や設定や課題に特有のものであると見なしていた。それに対して、壮大なバージョンのほうは、この尺度のひとつ（知能検査）をその個人がもっている完全に全般的な特性、しかも変わることのない特性が現われたものと見なしていた（Andersen, 1994）。しかし、そのような特性を受け入れて、知能検査の成績がその真髄の現われかもしれないと考えるためには、人生を絶え間ない検査とみなすゴールトンの見方を共有しなければならなかったのである。

4　心理計測的知能

やがて、ＩＱ検査は一大産業となっただけでなく、心理学の全領域が進展する原動力となった。そうした発展は、第一次世界大戦後半のアメリカ陸軍における知能検査の集団的使用によって大いに促進された[11]。フランスの教育におけるビネとシモンの研究がそうであったように、ここでもまた専門家の関心と実践的要求とが一致したのである。しかし、今度は戦時下の圧力によって変革が速まり、はるかに大規模で比較的よく組織された心理学者の集団が専門家の関心を代弁した。アメリカ陸軍はそれまで小さな軍隊であったが、二〇世紀の産業戦争に屈することがないように、多数の徴兵者からなる軍隊へと可能なかぎり急速に拡大させられた。それが人員の選抜という大きな問題を生みだした。アメリカの心理学者たちは、新たに発展した知能検査のテクノロジーを軍隊で使用できるように改変することで、この問題に対する手助けを申し出た。最初のうち彼らは、成人に対する使用を計画していなかったテクノロジーを官僚に受け入れてもらうために、精神的に欠陥のある者を徴兵することの脅威をあおったりしていた。しかし、すぐに心理学者たちの計画はもっと意欲的なものになり、ついには一五〇〇万人を超える新兵を検査するに至った。

そのような成果を得るために、心理学者たちは自分たちのテクノロジーを修正しなければならなかった。ビネの手続きは医学的検査のモデルに近いものであり、専門家である検査者と被検者の子どもとが急がずに一対一の相互作用を行い、子どもの反応が点数に変換されたら部屋を出て、試験官の判断を求めるというものであった。アメリカの軍隊という文脈においては、そのようなアプローチがうまくいかないことは明らかであった。そのため、検査は一度に大人数の男性に施されるようにし（しばしば極度に不快な状況下で）、到着した検査得点に熟練した専門家が判断を下すかわりに、簡単にコード化できる多項目選択式の書式を用いた。軍の諸条件は知能検査に足跡を残し、大きな母集団を心的価値によってすばやく段階に分けるためのテクノロジーへの転換を促した。この転換は一九二〇年代や一九三〇年代に、人種間に観察されたＩＱの差異に関して巻き起こったイデオロギー論争や、教育制度における知能検査の集団的使用に関して、欠くことのできない基盤を提供するものであった。

しかしながら、軍の影響はこれだけではなかった。厳格な時間計測が導入され、検査項目に対する解答は、号令に従って即座に開始されたり終了されたりせねばならなかった。陸軍当局は速さと服従を大いに評価したので、「知能」がこうした文脈において評定されるものであったならば、検査の諸条件は速さなどの優先順位を反映するものでなければならなかっただろう。何よりも重要なことに、この新しいテクノロジーを軍に確実に受け入れてもらうためには、新兵の知能検査の得点が、その新兵に対する上官の評定に対して妥当なものでなければならなかった。学校の生徒たちの知的レベルを評定する道具を最初に開発しようとしたときにも、当然、心理学者たちは同じような状況に遭遇していた。この道具が教師たちの評定とおおよそ一致するような結果を生み出さないのであれば、「知能」を測定していると主張しても誰も納得しないであろう。知能検査によって「測定」されると言われたものは、それが何であっても、この検査の妥当性の検証を大規模に行ってきた特定の制度内での設定において理解されているものとほぼ似ているはずであった。

しかし、心理学者とそのテクノロジーに基盤を与えていた制度的環境が、逆に心理学者やそのテクノロジーによって影響を受けることもあった。心理学者の生み出したものを制度が使うかぎり、その制度が選抜方針や決定を合理化する際に、いまやＩＱ検査の結果と等しいものとなった「知能」のカテゴリーがより大きな役割を果たすようになった。心理学の専門家をある制度において利用することには、つねにある種のトレードオフや交渉が伴っていた。すなわち、その制度の当局が優先事項としているものが心理学者の研究に反映されるという条件で、当局のほうもある程度は心理学の影響を認めていたのである。心理学的知識だけが単純にほかの場面に「応用」されることは決してなかった。

心理学者たちも、制度の影響を単に受動的に受けるだけではなかった。彼らの科学者としてのアイデンティティや、自分たちが専門家の共同体として存在しているという感覚は、二つの信念に依存していた。その二つの信念とは、自分たちが実在する自然な対象を研究しているというものと、そのような対象についての知識を生み出すのに適切な技術的方法をもっているというものであった。二〇世紀初頭のアメリカの軍や学校の心理学者にとって、最も重要となる自然な対象は「知能」であり、Ｉ

Q検査はそれに適したテクノロジーを形作るものであった。自分たちが適切な技術をもっているという確信は、知能検査の項目間の統計的な相関関係は、各個人が単一の知的能力を使用したという明白な証拠である、という（誤った）信念に反映されていた。知能が単一の自然な対象として存在するという信念は、ある種の社会ダーウィニズム的イデオロギーを構成する信念のネットワーク全体の土台となっていた。すくなくとも、二〇世紀の最初の四半世紀において、優生学はこのイデオロギーのほとんど変わることのない構成要素であった。

その根拠が何であろうと、自分たちが適切な技術をもっているという確信は、多くの心理学者にイデオロギー的な支柱を与え、それによって彼らは制度上の具体的な要求に合わせて検査の手続きを修正するように与えられる圧力に日々抵抗することができた。ウォルター・ディル・スコット Walter Dill Scott のような「応用」心理学者は、自分たちをこの分野の科学的精神の守護者であると考える人々によって、あまりに便宜をはかりすぎているとして追放された（Mayrhauser, 1987）。そうして追放した人々もまたあるところまでは制度の協力者であったが、イデオロギーに駆り立てられた彼らの態度は、戦後になってアメリカ心理学が国民の知能という社会的に重要な実体に対して科学的所有権を確立したと主張できたときに報われたのである。大衆の生活において、遺伝主義、外国人恐怖、人種差別、社会ダーウィニズムが大事な成分であるあいだは、知能という心理学的カテゴリーとそれに伴うテクノロジーが、この新しい分野の社会的地位を保証した。ベテランのアメリカ心理学者であるJ・M・キャッテル Cattell は、一九二二年に「陸軍の知能検査は心理学を合衆国の地図に載せた[12]」と述べたが、「境界線を超えておときの国にまで広がってしまったケースもあった」とウィットもつけ加えねばならなかった（引用はSamelson, 1979：106による）。

この装置を軍に応用し始めると、イデオロギー的関心と実践的関心とのあいだに亀裂が生じたが、知能検査を集団で制度的に応用することによって、その亀裂は永続的なものとなった。イデオロギー的には、知能検査の結果は、単一の生得的な知的能力の存在を示す証拠となると考えられていた。また、その知的能力の分布が不均等であることが、移民や教育的資源へのアクセスなどに対する政治的な制限を科学的に正当化するだろうと考えられた。実践的には、知能検査は職業指導や学習障害の検査にみられるように、個人に関する情報を与えるものと考えられ、その情報はさまざまな個人の特徴と特定の社会的課題や期待とのあいだによりよい適合をもたらすために用いられた。そのような実践的目標にとっては、知能という概念は単一であるよりも複数あったほうが好都合であった（Mayrhauser, 1992）。二〇世紀の心理学のどの分野よりも、知能検査の領域は、科学以外の政治や管理に関する問題に深く直接的に関わっていた（Harwood, 1983）。結果として、研究共同体の成員のあいだでは、イデオロギー的確信と実用的な考察の双方がいつも大きな社会的支援を受けており、それが知能の性質を単一のものとみるか複数とみるかという意見の区別を永続させたとも考えられた。さらに、そうした対立を解決すると考えられていた数学的技術である因子分析の結果自体が非数学的な決定に依存しており、おそらく今はなくなった科学的でない問題によって影響を受けたと考えられる。このように、この分野では知能の性質について全員が一致をみるということはありえなかった。

イデオロギーの影響は歴史的にさまざまであるために、事態はさらに複雑であった。一九二五年から一九五〇年までのあいだ、北米ではゴールトン的な遺伝主義から、ずっと単純な環境主義へとイデオロギーの振り子が振れ始めた。知能に関する心理学的研究もその例にもれず、多くの研究がＩＱにおよぼす環境の影響の大きさを実証した（Cravens, 1985）。しかしながら、こうした展開が心理学における知能のカテゴリーの使用にはあまり影響を与えなかったということは強調しておかねばならない。一般に、環境主義者はなにか重要で単一の実体を表す真の測度としてＩＱを受け入れており、その実体の実在性を問題とはしなかった。本質的に遺伝主義的な構成概念であるＩＱが実在するのかという問題から、ＩＱにおける遺伝の正確な影響力という問題へ論点を移すことによって、環境主義者は実際には彼らと対立する遺伝主義者の概念的枠組みの基本的要素を合法化する手助けをしてしまったのであった（Samelson, 1975）。このことによって、ＩＱの「遺伝性」を論じることが不毛になってしまった。ＩＱの性質や遺伝の性質という鍵となる概念的疑問点が問われないかぎり、この論争は永遠に続くであろう（Lewontin, 1975, 1985；Schiff & Lewontin, 1986；Wahlsten, 1994）。

歴史的には、知能の概念が科学的に生き残るための重要な一歩は、あるひとつの知能の考え方と特定のテクノロジーとのあいだに確固たる結びつきを確立することであった。この学問分野にとって、知能の心理計測的概念を支持することには紛れもない政治的利点があった。検査法のテクノロジーは心理学に市場性のある最重要商品を提供し、心理学者は知能の性質に関する権威として認知されるようになった。このことは、ごく初期の有名な定義（というかスローガン）である「知能は知能検査によって測られたものである」に示されている。「知能人」(Fancher, 1985) が実在する唯一の実体を表すものとしてＩＱに固執する理由のひとつは、そうした考え方に彼らがこれまでかなりの専門的投資をしてきたためであるに違いない。

知能の心理学がＩＱ検査法というテクノロジーと結びつくことで追い込まれた袋小路からの出口を示唆するものがないわけではない。しかしながら、この出口を示唆する別の知能の心理学はすべて心理学の中心である北米以外の地域で現われたために、簡単に主流から外れてしまった。簡単に列挙するならば、まずこの別の心理学はゲシュタルト心理学によってはじまり、最も初期に貢献したものとして、ヴォルフガング・ケーラー Wolfgang Köhler の類人猿の知能の研究 (1925) が挙げられる。なかでもこの研究は認知的過程における基本的な区分を強調していて、本質的に「盲目な」機械的過程と洞察的過程とを分けていた。似たような区分が別のゲシュタルト心理学者であるマックス・ヴェルトハイマー Max Wertheimer によっても提案され、彼は問題解決行動を「再生的な」ものと「生産的な」ものとに分けた (1945)。心理計測的知能ではそうした細かい差異には関心がもたれなかった。というのは、そこでは認知的過程の最終産物のみが問題であって、その産物がどのように得られたのかは問題ではなかったためである。知能検査のデータは「正しい」判断と「間違った」判断を集めたものから構成されるだけなので、そこで必要なただ一種類の理論的概念は、知的遂行に生得的限界を仮定したもの、すなわち能力という形をとった。ここから、一方に認知的遂行や能力の心理学、もう一方に認知過程の心理学というやや悪名高い分裂が展開した。この二つはおたがいに何も言うべきものをもたず、コンピュータと「人工知能」が到来するまでは、問題解決を遂行としてではなく過程として見る研究はほとんど支持されなかった。

検査法のテクノロジーを無意味に知的産物に向けることをやめ、代わりに過程を見るという決心は、ジャン・ピアジェ Jean Piaget（1950）によって発展した別の知能の心理学にとっては中心的課題だった。ゲシュタルト心理学の場合と同じように、このことによって質的に異なる知能の現われ方が区別された。長いあいだ埋もれていたが近年になって再発見されたヴィゴツキー Vygotsky の著作にも（van der Veer & Valsiner, 1991；Wertsch, 1985）、別の知能の心理学に関する示唆を見出せる。これらは、限界を設定するよりも、知的可能性を評価することについての関心から現われたものである。また、人は独力で何ができるかという観点から能力を定義するという伝統——この伝統は、一般に認められている知能の心理学の理論にも実践にも認められる——との断絶もここには見られる。

一般に認められている見解の歴史的発展をふり返ると、ひとつ奇妙な特徴に気づくが、これには結びのコメントが必要である。ある手続きが、何かほかの心理学的特性ではなく「知能」の測度を提供するものとして認められてきたのは、どんな理由によるのだろうか。その結果がほかのそうした検査や学業試験と相関していたからだろうか。たしかに、同様の疑問はほかの検査についても生じ、それは私たちに歴史的にさかのぼることを求めるが、無限にではない。遅かれ早かれ、最後はいつも得点ではなく判断に辿り着く。それは、ある遂行やある個人が「知的である」という属性に値する、あるいはある程度その反対であるという判断である。知能を評定する最初の試みは、まさにこの知的であるとはどういうことなのかという判断によって、知能として妥当かどうかを吟味せねばならなかった。（知能検査のような）いくら強力な専門的技術の力をもってしても、知能の概念がこのように文化的に埋め込まれた判断から大きく脱線するということはありえなかった（Carugati, 1990）。

そうなると、知能という心理学的問題にアプローチするには、知能は個人の有する特性であるというアプリオリな仮定をせずに、知能とはある判断を要する状況で個人に帰属される何かであるという認識（Goodnow, 1984）を携えていたほうがよかったであろう。そうした認識をもっていれば、知能についての判断がなされる状況がどういう性質をもっているか、判断のもとになる期待や暗黙の基準はどのようなものか、遂行の特徴や判断する人物によって知能の判断はどれほど変わるのか、などに関する疑問がわいたであろう。しかし、そのような種類の疑問は実際には提出されなかったので、これはまったくの反事実的な想像にすぎない。だが、多少なりとも反事実的に歴史を思い描くことによって、実際に起こった歴史的発展においてこれまで当然と思われていた事物を鋭く浮かび上がらすことができるのである。

第六章　行動と学習

二〇世紀のアカデミックな心理学の歴史は、絶えまなく進行し、ますますあからさまになってゆく断片化に対抗しようとして、最終的には敗北した闘争の物語である。知能と知能測定は、新しい領域を同化するのでなくただつけ足してゆくだけ、という心理学の傾向が表れた初期の事例である。心理学はアカデミックな学問になるための足がかりを、感覚や知覚や記憶のようなテーマを実験的に研究することで築いた。しばらくのあいだ、そうした実験的研究が、心理学というディシプリンのきちんとしたコアでありつづけたが、知能の測定がどのようにこのコアと関係しているのかはまったく不明瞭であった。知能測定のような領域を心理学に制度的につけ足すことは、それを知的に同化するよりもはるかに容易だったのだ。

同様のことは二〇世紀に何度も繰り返された。児童研究、あるいは国によっては教育学と呼ばれている分野も、もうひとつの初期の例である。医師と教育学者によってはじめられたこの領域は、アメリカでは急速に、ヨーロッパでは徐々に、児童心理学へと変容・発展した。しかし、心理学というディシプリンのコアとの結びつきは弱いままだった。同じことは、初期から心理学の一部門とされてきた教育心理学についてもいえる。両大戦間に、心理学というディシプリンは、ヒンドゥーの神シヴァのように数多くの手を生やしはじめた。心理学的社会心理学は、社会学的社会心理学に戦いを挑み、「パーソナリティ」と「動機づけ」は、半ば自律した研究・教育領域として誕生した。産業心理学が盛んになり、臨床心理学も現実のものとなった。

こうした諸領域のあいだには、それらすべてが「心理学的」な領域だと主張される以外にどのような繋がりがあったのだろうか。「心理学的」とされるものは、堅固な科学的基盤の上に築かれていたわけではない。それは大衆的なイメージに基づく常識的で曖昧な意味のほかに、何らかの意味をもっていたのだろうか。これらの多様な領域をまとめてひとつのディシプリンに属する下位部門とすることには、たしかに実践的なメリットがあった。すなわちそれは、実践志向の強いそうした諸部門が基礎科学にしっかり結びついていると示唆することによって、職業専門化を押し進める推進力となったのである。また、学者の研究も重要な実践的応用を生むのだと示唆することによって、ややもすれば晦渋になりがちな学者の研究関心を正当化することができた。しかしたいていの場合、そうした示唆は、いつとも知れない将来に現金化できるという約束手形にすぎなかった。なぜそのような約束手形が通用したのだろうか。またもっと重要なことだが、心理学者はどのようにして自分自身に対してそうした約束を正当化したのだろうか。

ここで検討している両大戦間の時期には、多くの場合、その正当化は次のような考えに支えられていた。すなわち、心理学は結局のところ統合されたひとつのディシプリンであって、そのさまざまな構成部門は、ひとまとまりの原理によって結びついていると明らかになるだろう、という考えである。だから、多様な研究と実践からなる諸領域を、ひとつの傘のもとにまとめてグループ化することは、単なる歴史の偶然や管理運営上の便宜の問題を越えているとされる。それは強い理論的結びつきが導く論理的帰結であり、共通の科学「法則」が心理学というディシプリンを統一しているのだと考えられたのである。この方向への第一歩として、ディシプリンのさまざまな部分が共通する言説的カテゴリーの使用によって結び合わされる必要があるだろう。そうした共通のカテゴリーは、心理学のすべての領域に共有されている重要な現象が本当に存在する、という主張を生み出すだろう。すると、ディシプリンを統合する原理を発見するためには、研究者はこの現象を研究すればいい、ということになる。

これが、「行動」と「学習」という二つのカテゴリーが二〇世紀のアメリカ心理学の歴史において演じた役割である。[1] 二つのうちで「行動」はより基本的なカテゴリーであり、心理学が研究主題を定義するためのカテゴリーになった。問題解決課題に取り組んでいる子どもの解答も、大人の神経症の症候学も、実験室の迷路における白ネズミの走行反応も、最終的には同じもの、つまり有機体の行動として説明されることになった。そうした多様な現象をすべて「行動」として分類することは、心理学が単一の説明原理に基づく統合的な科学だ、という主張を確立する上で欠かせなかった。「学習」はこれほど基本的なものではなかったのだが、その役割は「行動」の役割と歴史的に深く絡みあっていて、どちらか一方を理解しないと他方も正しく理解できない。二〇世紀前半の重要な数十年間に、このペアはほとんど分離不可能なまでに結びつきを深めた。「学習の法則」は行動の原理の中核を担い、心理学というディシプリンを統合すると考えられた。本章ではこの複雑に絡みあったカテゴリーの起源をたどることにする。まず「行動」を、その後「学習」を検討する。

「行動」というカテゴリーの歴史は「学習」だけでなく、行動主義の歴史とも深く絡みあいながら展開していった。前章までに検討した二つのカテゴリーとは異なって、「行動」は自らの名前を冠した心理学の運動を生み出した。後にそれは、ある種の困難をもたらすことになる。私たちは、行動主義運動の歴史と、「行動」のカテゴリーの歴史とを混同しないように注意しなければならない。その二つは同じものではない。歴史的には行動主義者が行動のカテゴリーを独占してきたわけではない。行動主義者が自分の立場を示す旗印として用いる以前から、「行動」は科学的なカテゴリーのひとつとして存在していた。当時、「行動」のカテゴリーを重視したグループが、行動主義者たち以外にもいたのである。心理学は行動の科学であるという定義に同意することと、行動主義者たちの学派に正式メンバーとして加わることは同じではない。ここでの主要な問題点は学問的言説のカテゴリーとしての「行動」であって、学問運動としての行動主義ではない。

以上の見方は、行動主義の歴史を説明する立場の多くとは異なっている（Kitchener, 1977 を参照）。

多くの歴史記述では、概して、自ら行動主義者と自認した特定の個人や、その心理学者が明確な意図をもってコミットした特定の学説に関心が集中している。こうした方法論は有意義な歴史的洞察をもたらしている。それは行動主義に明確にコミットした少数の心理学者を理解する上で有効である。しかし、大多数の心理学者たちは行動主義の影響を受けはしたが、自らを行動主義者とは見なさず、行動主義運動の主張の多くに反対した。この大多数がコミットした立場を明らかにするには、そうした方法論はあまり有効ではない。そのなかのひとつの運動ではなく、ディシプリンとして心理学全体がもっている目的や自己認識を理解するには、心理学に共通する実践（Danziger, 1990a）と共有されている学問的言説のカテゴリーに焦点をあてなければならない。「行動」と「学習」は、そうしたカテゴリーのなかでもとくに重要なものである。ほかのカテゴリーについては第九章で述べる。

1 「行動」の五層

「行動」のカテゴリーの変遷を、五つの時期に分けて検討してみよう。これらの時期は年表上、明確に区別されるわけではない。各時期は部分的に重複している。また前の時期が後の時期に遺物を残しているため、考古学遺跡のように後の時代に過去の遺物の層をみることになる。それらの層はほかと区別される特徴をもっていて、各層がはじまった年代をほぼ特定できる。

古くからある一般的な使用を別にすれば、「行動」という言葉の科学的使用と関連がある第一の層[2]

は、比較心理学である。二〇世紀初頭の比較心理学者のあいだで、自分の研究主題を指して「動物行動」という言葉が用いられたことに、新しい傾向の到来を見ることができる。一九〇〇年には比較心理学を代表する学者として英語圏諸国で最も有名なロイド・モーガン Lloyd Morgan が、自分の最後の著書に『動物行動』というタイトルをつけた。このタイトルは、同じ領域を扱った彼の以前の本のタイトル、『比較心理学』や『動物の生活と知能』とは異なっている。この数年後にはアメリカ動物学の新進気鋭のスターだったH・S・ジェニングス Jennings（1906）が、比較心理学の概説として名声を博した著書に『下等有機体の行動』という題をあたえている。ジェニングスが一八九九年に発表した論文の表題は「原生動物の心理学」だったが、一九〇四年までに表題は「ゾウリムシの行動」へと変わった。二〇世紀初頭の一〇年間に比較心理学として知られた領域の研究者のあいだでは、「動物行動」という用語は十分に確立されていた。一九一一年には比較心理学の新しいモノグラフ・シリーズの刊行がはじめられたのだが、それはシンプルに『行動モノグラフ Behaviour Monographs』と名づけられた。『動物行動雑誌 Journal of Animal Behaviour』と題された専門ジャーナルの刊行も新たにはじまった。この領域が拡大発展したこの時期に、多くの研究者は、「動物行動」という用語が「比較心理学」や「動物の心」という用語に取って代わるのではなく、それを補完すると見なしていたことに留意してほしい。一九三〇年にロイド・モーガンの『動物の心』が刊行され、一九三六年には、マーガレット・ウォシュバーン Margaret Washburn の『動物の心——比較心理学テキストブック』の第四版が出版された。しかしその当時すでに、「動物の心」といった用語は一般的ではなくなっていた。

「行動」のカテゴリーの第二期は第一期に少し遅れてはじまり、たがいに重なっていた。後に心理学全体に浸透した行動主義的な色合いを、第二期の「行動」概念はまだもっていなかった。心理学は「行動の科学」である、とその表題で明確に主張する著作が一九一二年に現れた。ウィリアム・マクドゥーガル William McDougall がその最初の書物の著者だったが、彼はその後すぐに行動主義の最も手厳しい反対者になった。前年の一九一一年には、タイトルから「人間行動」に関する著書だと分かる本が、すくなくとも二冊は出版されている（Meyer, 1911；Parmelee, 1911）。その二冊の著者のうち、メイヤーは、J・B・ワトソン Watson が行動主義宣言を行う以前から、すでに行動主義者だったといえるが、もうひとりのパームリーはそうではなかった。同じ一九一一年に出た比較的オーソドックスな心理学教科書（Pillsbury, 1911）では、同書の主題は行動の科学だと述べられている。一九一二年には機能主義学派のスポークスマンだったJ・R・エンジェル Angell が、アメリカ心理学会大会で「心理学のカテゴリーとしての行動」について時宜を得た講演を行っている（Angell, 1913）。

その講演の二ヶ月後に当時、若手の比較心理学者だったJ・B・ワトソンがコロンビア大学で発表した講演論文が、「行動」のカテゴリーの第三の時代をひらいた（Samelson, 1981）。ワトソン（1913）はこの論文に「行動主義者から見た心理学」という表題をつけている。変化は急激だった。心理学の研究主題を定義するカテゴリーの名前だった「行動」は、今ではあるタイプの心理学者にラベルを貼って、区別する役割をもつようになった。「行動」は研究対象を表すだけでなく、心理学者に同意か拒絶かを迫るアイデンティティの標識となり、ほかのさまざまな心理学的カテゴリーよりも上位におかれたのである。心理学史的に言えば、アメリカの心理学者たちがこのワトソンによる挑戦をきわめて深刻に受け止めたことが重要である。ヨーロッパの心理学者のように、かれらはそれを無視することもできたし、余裕をもって批判的に取りあげることもできた。しかしアメリカの心理学者たちはそうはしなかった。第一次世界大戦後の一五年ほどのあいだ、行動主義者のアイデンティティの問題はアメリカの心理学界で関心の的だった。しだいに行動のカテゴリーは新たな含意をもつようになり、心理学的言説における行動の意味と、一般の言説における行動の意味のあいだに大きなギャップが生まれることになった。

一九三〇年代に、行動主義が新行動主義と呼ばれる新たな形態へと発展したことはよく知られている。その結果、行動のカテゴリーの意味は部分的に変化することになった。これ以前の三〇年のあいだに、「行動」概念は機械論的説明と随伴現象説に関与するようなある種の本質論的な意味をもつようになっていた。新行動主義の時代にも、行動概念の支持者にはそうした考えがいまだに共有されていたが、もはやその必然性は薄れていた。「行動」は、実在の本性に関する暗黙の主張によってではなく、心理学者が行う実践によって定義されるようになった。心理学の標準的な技術（テクノロジー）によって作り出された対象なら何でも、「行動」に含まれるようになった。この標準的方法を規定している規範へのコミットメントが、以前の直接的で本質論的な形而上学的なコミットメントに取って代わった。もちろん後者もまた存在してはいたが、暗黙で不可視のものになった。

こうした発展が二〇世紀における「行動」の歴史の第四、第五の時代をもたらした。第二次大戦後になると、行動という用語は「行動科学」と呼ばれる新しいカテゴリーと結びつけられるようになった。それまでは心理学が「行動」とその研究を独占したことはなかった。戦後にはこのカテゴリーは、過去のどの時期よりも広く流布するようになった。ほかの学問分野にとっては心理学の用語法はひとつの凡例にすぎなかったが、やがて相互に影響をおよぼしあうようになった。これ以前の時期にすでに起きていた変化がさらに進行し、「行動」は方法論的に基礎づけられたカテゴリーとしての性格をいっそう強めていった。

上述のように「行動」が獲得した意味の諸層を概観すると、それぞれの時期に生じた特殊な理論的問題を考察するためのおおまかな枠組みを得ることができる。本書の中心課題はさまざまなカテゴリーの起源を解明することであるから、初期の時代を集中的に検討することにする。

2　推測された心

二〇世紀に特徴的な「行動」という用語のルーツをたどると、二〇世紀初頭の動物心理学へと行きつく。「動物行動」に関する初期の言説には、何が含まれていたのだろうか。動物心理学の先駆者とされるジェニングスからみれば、「行動」の役割はその対極に位置する「意識」との対比によって明らかになる。彼は初期の著作『下等有機体の行動』を「肯定するのであれ否定するのであれ、動物の意識に関する主張は検証できない」という記述ではじめている（Jennings, 1906：V）。科学的研究の目的を達成するためには、私たちは意識以外の何ものか、つまり行動を研究しなければならない。行動は「有機体の全体的な身体運動」と定義され、それを研究する際に「私たちは現実の客観的な過程を取りあつかい」、「その過程を制御している諸法則に関する知識」を得ようと願っている。行動は「客観的」なものであり、客観的ではない「意識」とは本質的に異なる。

ジェニングスは意識と客観性のあいだにはっきり境界線を引いたが、それは、有機体の環境に対する反応を研究した大勢のヨーロッパの生物学者たちの足跡に倣っただけだった。研究にたずさわるなかで、彼らはある種の言語的問題に出くわした。どのようにすれば研究者は虫や軟体動物などの反応reactionを記述できるのだろうか。伝統的な用語法には二つの選択肢があった。ひとつは人間の行為を指し示すときに用いられる言葉を採用することである。しかしその言葉は、道徳的で理性的な意図を追求する、意識をもつ行為者を含意している。すべての生き物の行いconductを、神聖な造物主の意図と知恵の反映と見なすならば、最も下等な動物にそうした言葉を適用することも特別に望ましくないとは思われなかった。しかし一九世紀の自然科学がそうした生命観に取って代わると、下等有機体の活動に意図を含意する言葉を適用することは適切ではないと考えられるようになった。その代替案は、生命のない物体の状態と位置の変化を記述するために用いられていた物理主義的な言語を用いることだった。しかし大部分の生物学者には、この選択は適切なものには思えなかった。一九世紀末までに、動物行動の研究のための用語、すなわち「客観的」であると同時に、非生物の活動と生物の活動を区別する特徴を保持できるような用語をめぐって、かなりの議論が交わされた（Beer et al., 1899；Claparaede, 1903；Dzendolet, 1967）。

こうした話題が心理学と関連するのは、大部分の生物学者は「心 mind」のカテゴリーをつかって動物の行いの特徴を指し示していたからである。一九世紀末の時点では、そうした考えは時代遅れではなく、同時代のダーウィン主義によって強力に支持されていた。もし人間が生物学的な進化の過程によって生み出されたのなら、「心的」とされる諸性質をもつのは人間だけではないだろう。実際、一九世紀末に比較心理学が繁栄したのは、ダーウィン主義の直接の影響を受けて、身体的生活の進化に対応する心的生活の進化の過程を跡づけるというエキサイティングな研究テーマがあったからだ。[3]

ダーウィンに鼓吹されたG・J・ロマーニズ Romanes が、この計画に取りくんだ。ロマーニズは『動物の心的進化』を著し、さまざまな動物の種のあいだで「心の構造の比較」を行ったが、彼はそれを比較解剖学による「有機体の身体構造の科学的比較」に相当する仕事だと考えていた（Romanes, 1884：5）。しかしそこには問題があった。身体の構造は有能な観察者なら誰でも研究できるが、心的現象は、それが生起する当の心をもつ個体にしか観察できないのである。ほとんどのイギリス研究者と同様にロマーニズは、自分以外の心に関する知識は観察によってではなく、推測にもとづいて得られるということを当然の前提としていた。「だから自分以外の他者の心的活動に関するすべての知識は、身体活動から推測された解釈から得られるのだ」（Romanes, 1884：16）。こうして動物の心的進化の研究では、「心の基準」をもたらすと考えられていた身体活動にもとづいた推測が鍵になった。[4]

ロマーニズや同時代の他の比較心理学者たちにとって、動物の心が「他者の心」の問題の特殊な例にすぎないことは自明だった。動物の心だけが、身体の活動からの推測によって知られるのではない。自分以外の他者の心はすべてそうなのだ。動物の心を推測するときには、人間の他者の場合にはみられないリスクや困難があるかもしれない。しかしそれは、程度の問題であって原理的問題ではないとされた。

身体的な「心の基準」という考えの背景には、自分自身の心の知識と他者の心の知識の基礎は異なっている、という当時広く流布していた信念があった。自分自身の心だけが直接に観察される。他者の心は、その人の身体の活動から推測されなければならない。こうした考えは第三章で説明した経験主義の伝統に含まれていた。この立場は心と意識を同一視する考えと、ジョン・ロックによる知識の二つの源泉、すなわち、感覚と感覚内容についての反省 reflection という区別を拠りどころにしている。ひとたび、心とはある種の「内部感覚」ないし「意識」によってのみ直接知ることができるものだと考えてしまえば、他者の心は反省や推測によって間接的にしか知りえないものになってしまう。

こうした信念が文化的伝統になっていたのだが、自己と他者の知識をめぐってこれ以外の立場もあったことを指摘しておきたい。たとえばヨーロッパ大陸には「表出心理学 expression psychology」の強い伝統があった。それは心的生活の外的側面と内的側面の本質的な結びつきという考えにもとづいており、その結びつきがすくなくとも同じ種の個体間では経験の共有を可能にする、というのである。経験は基本的に私秘的（プライベート）なものだという仮定ではなく、経験は本質的に共有されるものだ、という考えから出発することもできる。そうすれば経験が部分的にプライベート化されることの方が、説明を要する課題になるだろう。反対に、もし経験は必然的に私秘的だという仮定からはじめれば、経験の共有が説明されなければならない。こうした暗黙の仮定は、知的伝統と日常的習慣の両方が作用する社会・文化的文脈から、非常に大きな影響を被っているはずである。個人主義的な傾向が強い文化では、しばしば、経験は基本的に私的な出来事として定義されるのである。

これがイギリスとアメリカの比較心理学者によって問題なく受け入れられた心の定義である。そのため心の進化の軌跡をたどるというダーウィン主義の研究プロジェクトは、とりわけ困難なものになった。心が私秘的な個人の意識と同一視されたので、件の「心の基準」から推測する以外には、心は他者にはアクセス不可能だった。その上この推測は、自分自身の心を観察した経験をもとにして行わなければならないはずである。というのも誰であれ、心を観察する経験は自分の心でしかできないからだ。ロマーニズに続いたモーガンは、この点をはっきりと述べている。「内観による研究は必然的にすべての比較心理学の基礎となる」（Morgan, 1894：37)。なぜなら「人は動物の心理学を、人間の心理学から理解せざるをえないからだ。人は自分の心の諸過程の研究によって、心の知識を得る」（Morgan, 1894：38-39）。

ロック的な私秘的な心を進化論的枠組みのなかに位置づける試みは、失敗に帰する運命にあった。しかしこの失敗は、その後長く影響をおよぼした。私秘的で意識的な心と、ロマーニズが心の「基準」と名づけ、モーガンが心の「客観的な現れ」と呼んだものを含む新しいカテゴリーとの区別が強調されるようになったのである。後者のカテゴリーは「身体の活動」から成っていたが、すべての身体活動ではなく、心について推測できるような身体活動だけがそこに含まれていた。比較心理学の研究の手続きは、三つのステップからなる。まず、研究者が自分自身の心を観察する。つぎに他者の身体活動を観察し、最後に自分の心を参照して他者の心を解釈するのである。モーガンと彼の読者も、動物だけでなくあらゆる他者の心についての知識を得るにはこの方法を用いなければならない、と信じていたことを強調しておこう(5)。

動物の場合、とくに下等動物の場合には、心を推測する余地がわずかしかないことは明らかだった(6)。「心の基準」や心の「客観的現れ」とされる身体活動とはどのようなものか、研究者の関心はいっそう高まった。やがてモーガンは、それを動物の「行動」と呼ぶようになった。すべての身体活動が行動と呼ばれたわけではない。たとえば心臓の鼓動や体温の調整過程は行動ではなかった。行動としての資格をあたえられた身体活動は、心の基準・心の現れとしての役割を果たすものであった。たとえば、接近や退避や弁別や学習などが行動に含まれた。研究者はこの行動を研究する際に、心の推測という厄介な問題に触れずにいることもできた。やがて比較心理学者たちは、こうした活動をあつかうときには「行動」というカテゴリーが都合のよい便利なものだと理解した。研究者たちは心をめぐる深遠な問題について矛盾や混乱をかかえていたが、この用語は心については何のコミットもせず、当り障りのないものだった。行動の研究は「客観的」であり、内観による心の研究は「客観的」ではないという同意が彼らのあいだで生まれた。しかしこの時点では、大半の比較心理学者は、行動のカテゴリーが心を排除するわけではないとはっきり言明していた。ほかの比較心理学者より客観主義を重んじていたジェニングスでさえ、「行動の過程」には「思考と推論」が含まれると信じていたのである（Jennings, 1906：VI）。

このようにして、以前とは異なる心の概念が出現した。心を私秘的な個人の意識と同一視すると、動物心理学の領域でやっかいな問題が生じることが明らかになった[7]。しかし、高等動物を被験体として研究されている「行動」の具体例を考察するときには、この行動というカテゴリーは単に物理的な運動を指すものではないと研究者は実感することになる。「学習」や「弁別」や「報酬」や「習慣」などの言葉は、もともと物理的な移動を指すものではなかった。それらの用語は、人間の行為を指す言語、私秘的な心と公的な運動を区別した哲学の影響がさほど及ばなかった言語から取られたものである。行動というカテゴリーによって、比較心理学者は、科学的客観性の理念に敬意を払いながら、この行動の言語を使えるようになった。推論や記憶や知覚などの心理学的過程が動物の行為に表れているかぎり、比較心理学者は心の過程を研究していると主張することもできた。物理的運動と、意識としての心を峻別した古臭い二元性は、もはや維持できなかった。だれもがすぐに考えを変えたわけではなかったが、いったん行動というカテゴリーを取り入れると、比較心理学者はもはや推測された心なるものに関わる必要はなくなった。重要な点は、行動のカテゴリーに含まれる大部分の動物の活動は、すでに目標指向性や体制化や適応性などの性質を帯びていたことである。これらの行動の性質は、古い図式のなかでは私秘的な心から発せられるものだとされていたのである。「行動」を採用した比較心理学者たちは、それまで解決不可能な問題をつきつけてきた概念的枠組みを捨て去りつつあった。

伝統的枠組みを廃棄することなくこの問題を解決する方法もあった。そのひとつは徹底的な唯物論の立場から、心を「随伴現象」と見なす方法である。随伴現象とは、物質的過程から生じてくるが、何の因果的効力ももっていない現象のことである。これはT・H・ハクスレー Huxley が提唱した「意識ある自動機械」という説から導きだされた考えである。同じような考えは、D・A・スポルディング Spalding によっても展開された。彼は動物実験を行い、急進的な唯物論を確立した。これは、比較心理学においては、可能な、しかしあまり人気のない立場だった（Gray, 1967, 1968）。

以後の「行動」の歴史では、生物学者のジャック・ロイブ Jacques Loeb に代表される唯物論の立場が、最も重要だった。かれは、シカゴ大学で若き日のJ・B・ワトソンに強い印象をあたえた。ロイブの唯物論は単なる哲学的嗜好の問題ではなく、「生物学における工学的な理想」への深いコミットメントと緊密に結びついていた（Pauly, 1987）。そうした理想は、一九世紀のドイツで教えられていた農業生物学に由来するが、ロイブはそれを、生物学研究全体を指導する原理へと高めたのである。そうした研究の目的は、生物の既存の諸形態を制御し新しい形態を構成することだった。ロイブはこの原理を有機体の行動に適用することによって、向性的反応 tropistic reaction の研究へと向かい、心的なものであれ生理学的なものであれ、仮説的な内的過程を理論から排除するようになった。有機体の反応を制御し変容するためには、内的な諸条件ばかりでなく、外的な諸条件と反応との関係を研究することが大切である。外的な物理的条件が有機体の身体の反応におよぼしている効果を活用すれば、最も直接的な仕方でその反応を制御できる。工学的立場からみた有機体は、無限に従順な存在だった。有機体は「自発的な」行為をする能力をもたず、その意識現象は因果的効力を欠いた随伴現象にすぎない。心理学というディシプリンのなかでこの立場は、行動主義として知られる運動によって普及する「行動」概念にとって決定的なものとなってゆくのである。しかしこの問題を取り上げる前に、行動主義が発展を遂げる前夜に、動物行動研究がもっていた広範な影響力に留意する必要がある。

3　自然主義的な社会科学

もし、社会科学のある種の概念において比較心理学が実際に重要な位置を占めることがなかったならば、比較心理行動者が行動のカテゴリーを採用したことは、科学史ではマイナーなトピックにすぎなかっただろう。一九世紀から二〇世紀への変わり目には、科学的アプローチの社会問題への適用が関心を集めていたのだが、これは一般に生物学的基礎のうえに社会科学を築くことを意味した。このため比較心理学が諸科学のなかで重要な位置を占めるようになった。比較心理学が生物学と社会科学のかけ橋となり、動物と同様に人間の活動を律している基本的原理を解明するものと期待された。

動物の知識を社会的存在である人間へと一般化するには、動物と人間の活動を同じカテゴリーで記述し説明する必要がある。そうしたカテゴリーのなかで最も重要だったのは、本能と習慣と行動である。もし、迷路内のなじみの経路を走るネズミと職場で仕事をしている人間の活動を同じ「習慣」のカテゴリーの事例として論じるなら、このふたつは本質的に同種であり、したがって同じように説明されるべきであるという強い前提に立脚していることになる。「行動」の指示対象を動物の活動から人間の行いへと拡張することは、「生物学的に基礎づけられた社会科学」に未来の希望を見ていた人々にとっても、魅力的なことだった。動物の活動と人間の行いを「行動」という同じカテゴリーのなかに包摂すると、両者を同じ「法則」あるいは原理によって説明できる、という主張が真実味をもった。

行動主義が出現する以前に刊行された「行動の研究」や「行動の科学」や「行動の法則」などと題された先駆者たちの著作には、こうした状況がはっきり表れている。マクドゥーガル（McDougall, 1912）の目的は、人間が動物と共有する比較的少数の本能を明らかにして、人間の社会的行動を説明することだった。マクドゥーガルは、「動物の行動」に関する最新の知見を自在に引用しているが、それは、「行動の研究」と定義される人間心理学が、動物行動と同じ本能的要因によって規定されているという主張を確立するためであった。パームリー（Parmelee, 1911）は、生物学的基礎－心理学－社会学、という伝統的な実証主義的位階を用いて「行動の科学」を論じている。この三つのすべての水準で生じる事象を行動のカテゴリーによって記述することは、三つの水準すべてに同じ「要素」

が含まれているという彼の主張を打ち立てるのに役立った。さらにパームリーは、行動のカテゴリーを採用することは、それが動物心理学においてすでにもたらしているのと同じ利点を、人間の心理学と社会学にももたらすだろうという見通しを立てている。つまり行動のカテゴリーは、それらの学問を科学的で客観的なものにするというのである。マックス・メイヤーは動物行動の研究より生理学から多くの着想を得ていたが、彼の論文「人間行動の根本法則」(1911)でもこうした考え方は重要だった。三人の研究者は個々の問題では意見が異なっていたが、一種の生物学的還元主義を確立するために、また本当に科学的なアプローチを採用しているという主張を説得力あるものにするために、行動のカテゴリーを採用した点では同じだった。

生物学との結びつきは、この三人の研究者よりもアメリカ心理学の主流の近くにいた多くの心理学者にとっても重要なことだった。機能主義を代表する心理学者たちは、生物学的基礎のうえに心理学という科学を築くという企図に深く関わっており、比較心理学が用いたカテゴリーに大きな関心をもっていた。機能主義のスポークスマンだったエンジェルは、機能主義の研究プログラムを表明した論文のなかで早くも、「動物心理学と呼ばれる準生物学的領域に対する関心が復活」したことを熱烈に讃えていたのである(Angell, 1907：69)。彼はその領域が「私たちの世代が出会うなかで、最も豊かな可能性をもっているに違いない」と言明している。この数年後に彼は、生物学的な立場が機能主義心理学の諸カテゴリーに対してもつ意義を強調しているが、そこでも行動のカテゴリーが中心的役割を演じているのである(Angell, 1913)。エンジェルは、比較心理学者による「動物行動の知的な埋解」と、心理学内部の「圧制的な内観の主張に対する反乱」の両方を、賛意をもって注目している。そして彼は、自分と同じような考えをもつ機能主義者たちにとっては、「行動のようなカテゴリーを迎え入れるのはたやすい」と考えた。機能主義を弁護して彼は次のようにつづけている。「一部の保守的な意見を別にすれば、機能主義の全体的傾向は、一般的用語としての行動概念を好意的に受け入れる方向にある。一般的な行動概念は、ある行為が意識的か無意識的かという下位分類の問題を含んでいるが」（Angell, 1913：258-259）。「行動」に関するこうした考えが、ワトソンが行動主義宣言を行う前夜の機能主義者の立場だった。

一九一三年までに、同じカテゴリーを用いて生物学・心理学・社会学の諸問題を解明しようとする研究文献はますます増えたが、「行動」はそれらの言説のなかでしっかりと地歩を築いていた。こうした言説的活動に参加した研究者たちも、人間の社会的行為を説明する上で鍵となる生物学的カテゴリーとは何かについて、見解が一致していたわけではない。本能のカテゴリーを重んじる者もいれば、適応を重んじる者も、反射を重んじる者もいた。しかし、そうした議論に最も便利な一般的枠組みをもたらしたのは、行動のカテゴリーだった。「行動」概念は多様で乱雑に用いられていたが、このことは、生物学的・心理学的・社会的水準に共通する原理が発見されるはずだと仮定されていたことの表れである。残された課題は、正しい原理を発見することだけだった。

「行動」は、客観性の問題に強い関心をもっていた生物学者たちのあいだで生まれたカテゴリーである。そのため「行動」は科学的な含意をもっていた。自分が行う研究の対象は行動だと述べる研究者は、（英語の science の意味での）「科学」への忠誠をも同時に言明していた。この「科学」とは自然科学であって、人間科学や精神科学 Geisteswissenshaft ではない。「行動」概念は、無色中立なカテゴリーであるどころか、人間のさまざまな問題は自然科学的アプローチでしか解決できないと考えていた人たちのお好みの道具になったのである。

「行動」が帯びていたこうした含意が、アメリカの社会科学に特徴的だったある種の傾向と重なりあった。一九世紀に成立して以来、アメリカの社会科学は歴史から距離をとる姿勢を特徴としていた（Ross, 1991）。歴史的な説明よりも自然主義的な説明の方がずっと好まれ、歴史的要因ではなく、時間を越える自然法則によって現在の問題を分析する傾向があった。社会ダーウィニズムがこの傾向の初期の代表的事例だったのだが、長い目で見ると後に幅広く流布した「進化的自然主義」（Cravens, 1978）がもっと大きな影響をあたえた。適応価 adaptive value によって心的活動のあらゆる側面まで説明しようとした機能主義心理学は、人間行動を説明するために歴史ではなく自然を一貫して探求することの傾向を表していた。行動のカテゴリーは、こうした原理にコミットするための完璧な手段を提供した。それは人間の行いの記述に際して、人間と動物の活動は本質的に類似のものだとほのめかす記述手段を提供した。行動のカテゴリーは、道徳的・政治的・歴史的要因から抽象された仕方で人間の行動を論じる手段をもたらした。「行動」を信奉した研究者たちの著作では多くの場合、道徳的・政治的・歴史的要因は取り上げられなくなり、せいぜい付加的なものとして、非本質的な役割しかもたなくなった。人間の行いを理解する上で根本的に重要だったのは、動物行動の場合のような「行動」と自然の結びつきだった。

4　さまざまな主義と恣意性

一九一三年には、行動に「主義 ism」という接尾辞がつけ加えられた。このことは社会科学と生物科学ですでに十分に確立されていた「行動」のカテゴリーに、どのような影響をあたえたのだろうか。「主義」が加えられたことによって、行動という言葉はある修辞的な性質をもつようになった。「行動」が運動の旗印になると、それは半ば政治的な意味をもって広く一般の注目と論議の的になると同時に、心理学のなかでは内的葛藤の焦点になった（Birnbaum, 1965）。社会科学の諸領域では、「行動」という用語を、その反対者を過去の迷信にとらわれた時代遅れの頑固者と蔑む一方で、科学の大義と客観性の価値に対する闘志あふれる忠誠を示す戦いの雄叫びとして用いることができた。大衆メディアでは、販売宣伝のためのキャッチフレーズとして、あらゆる種類の怪しげな薬品を「行動的」とひとまとめにすることもできた。

心理学の内部ではいまや「行動」は、理論的葛藤が闘われる闘技場となった。これらの葛藤は行動のカテゴリーには何が含まれるべきか、「行動主義者」であるための条件は何なのか、また行動を「支配する」と考えられた「法則」はどのようなものか、という論争の形をとった。行動を支配する法則の問題は、本章後半で述べる「学習」のカテゴリーの運命とすぐに絡みあうことになった。「行動」の概念は、さまざまな理論的問題が争う闘技場になったのだが、「自ら行動主義者と称するために必要な条件は何か」という問題は、そうした状況の一例となっているかぎりで、ここで取り上げられる。理論的な問題のひとつは、内観の問題である。行動主義が生まれる何年も前からアメリカの心理学者たちは内観以外の方法で得られたデータを重んじていたが（Cattell, 1904 ; O'Donnell, 1985）、彼らの多くは内観によるデータは原理的に排除されるべきだ、という考えを認めなかった。しかし、内観データを再び取り入れるとしても、それを「言語報告」と呼べば、心理学を「行動の科学」と定義しつづけることができるだろう。「行動主義は、行動主義者たちがたまたま好んでいる特定の仮説が正しいかどうかには、左右されない」（Woodworth, 1924 : 263）、ということがすぐに明らかになった。しだいに行動主義は、アメリカの心理学者がいだいている問い直されることのない仮定や、疑われたことのない価値の多くを含んだ枠組みとして機能するようになった。その枠組みのなかには、詳細な事柄を論じる余地が十分にあった。

準科学的カテゴリーとしての行動の意味については、当初から意見の不一致があった。既述のように、行動の意味は最初から「心」というカテゴリーと密接に結びついていた。心は行動によって推測される。動物の心の場合には厄介な問題が生じた。しかし動物心理学の先駆者たちは、心はともかく行動に表れるのだという信念をもっていた。どのようにしてこれが可能になるのかという問題が、一部のアメリカ哲学者の関心をそそった。E・A・シンガー Singer（1912 : 209）は、「意識について私たちが抱いている信念は、実際の行動の観察にもとづいたありそうな行動の期待であり、その信念はさらなる観察によって確証もしくは反駁される」という考えを提唱した。同じ問題を新たなプラグマティストの視点から再解釈したわけである。心が物体として現実に存在するか否かは、もはや問題ではない。そのような事物を信じる信念の基盤が問題だった。ここから二つの方向へ議論を発展させる可能性があった。ひとつには、心的性質を帰属させる社会的基礎を探求することもできた。それ以外には、実在主義者の立場に戻って、行動がもつ客観的性質によって心を再定義することもできた。新実在主義 Neo Realist の哲学者たちは、シンガーより影響力が強かったのだが、この第二の道を取ったのである。

E・B・ホルト Holt（1915：166）にとって行動とは、「客観的世界のある部分と一定した関係にあることが明示できる」有機体の全体的活動である。行動を単なる物理的運動から区別するのは、心的事象が起こっているか否かではない。両者を分かつ基準は、身体外部にある「客観的な指示対象」への関数的関係にあった。行動は客観的環境の変化に応じて変化する身体運動である。ここに見られるのは、たとえば、a地点からb地点へと転がる石と、光へ向けて移動する有機体の違いである。志向性は運動の背後にある心に帰すべきではない。それは行動としての運動のなかに見出される。端的に言えば、この考えを基礎として、ホルトの学生だったE・C・トールマン Tolman が、筋肉の収縮の連鎖にすぎない「分子的 molecular 行動」と対照される「全体的 molar 行動」の概念を作り出したのである。ワトソンの行動主義があつかってきた行動の概念は、分子的行動にすぎないとされたのである。

しかし実際には、ワトソン的行動主義も全体的行動主義も、修辞的な文脈に応じて行動の概念を使い分けていた。全体的行動主義者は自分が自然科学者だと主張するときには、全体的行動の物理的基礎を強調した。ワトソン的行動主義者も自らの理論の実際的応用――彼らにとって実際的応用はとても重要だった――を語るときには、物理的運動より記憶や描画や著述のような行為を取り上げていた。多くの研究者が指摘していることだが（Kitchener, 1977 および Lee, 1983 参照）、行動主義が用いた行動というカテゴリーの特徴は、その多義性だった。その理由は、行動主義運動がめざしていた二つの目標が、基本的に両立不可能だったことにある。行動主義者は自然科学者として認められようと、懸命に努力していた。そのため、彼らが抱く自然科学像が古き良き機械論的唯物論を含んでいればいるほど、最終的に行動は身体の運動に還元されると強調するようになった。しかしまた行動主義者は、社会制御を可能にする実践的な科学を建設したいとも考えていた。その科学が対象とするのは身体運動ではなくて、目標指向的な行為である。「分子的」行動の概念が歴史のなかに消え去っていったのは、心理学の初期の考えである粗雑な物理主義が、進歩的な研究のなかでその利用価値を失ったときである。しかしいずれにせよ、そのころまでには「予測と制御」という目的が、心理学というディシプリンを支配するようになっていた。

5　実践的範例

行動主義の全盛期には、「行動」はネズミ（後にはハト）の学習実験という特殊で具体的な形へと姿を変えていた。根本的な理論的問題が解決されるのは、そうした実験を行い、実験結果を検討することによってであると思われていた。結果としてこれらの実験は、ほとんど意味をもたなかった用語に、特定の意味をもたせる範型的な研究場面を作り出した。傑出した実験家だったウッドワースWoodworthは、行動主義者の研究プログラムの最も重要な点は、「動物実験が人間の実験のモデルだと主張した」（Woodworth, 1924：260）ことにあると考えていた。彼がそう指摘したのは「古典的」行動主義の時代だった。しかしつぎの新行動主義の時代には、ウッドワースが予想しなかったほど大々的に、行動主義のプログラムのこの側面が実現することになった。結果として「行動」の意味はどのように変わったのだろうか。

明らかに、動物実験をモデルとする考えは、人間の社会的行動を自然主義的用語によって説明するすでに普及していた傾向と、「行動」概念との結びつきを強化したであろう。とくに、「行動」概念が動物の学習実験という範型に結びついたため、行動とは有機体が個体として単独で行うものであるとして捉える見方が強くなった。実際、典型的な動物の学習実験では、独立した動物個体の行いが記述された。このような実験では、ほかの要素から切り離されて孤立した動物と、その物理的環境との相互作用が研究されることになる。実験に用いられた動物たちは、西部開拓時代の孤独なガンマンよりも徹底して、自分の能力だけを頼りとする個人を象徴している。

また動物実験は、コミュニケーションという要因を排除する巧妙な手段をもたらした。コミュニケーションは、人間を被験者とした実験ではことさら厄介だが、絶対に不可欠なものである。心理学者は実験データを解釈する際に、データがすべて社会的相互作用の産物であるという事実を無視しようとしてきた（Danziger, 1990a）。しかし動物の学習実験において心理学者は、人間のコミュニケーションの問題をきっぱりと排除できる状況をうまく構成できたのである。行動一般のためのプロトタイプを提供する被験者は、話すことのない動物であった。動物たちは、実験者たちとともに言語的な共同体に加わる手段をもっていなかった。基本的に「行動」とは、コミュニケーションを行わない孤立した個体にみられる属性であった。これが人間に適用されると、社会・文化的な要因は個体外部に存在する「刺激」としてこの枠組みのなかに取り入れられるだけだった。コミュニティは個体の集合にすぎず、こうした基盤からはそれ以上のコミュニティ概念は生まれなかった(8)。

「行動」はきわめて抽象的なカテゴリーであり、意味をあたえるプロトタイプとして機能する範例exemplarとして採用されたものが、「行動」の意味を定めてしまう。新行動主義者の動物学習実験がこの範例をもたらした。新行動主義者は、動物の学習を実験的に研究して、行動一般を支配している原理を探求した。行動はほかのどのような場合よりも、動物学習実験において最も純粋に発現すると考えられていた。しかし動物学習実験が生み出した範例は、人為的に作り出された文化的構成物だった。

他の文化と比較すれば、このことはよく分かる。一般にヨーロッパの心理学者は行動主義をアメリカで起きた奇妙な一時的流行と見なし、真面目に取り上げるには値しないと考えていた。ヨーロッパからアメリカへ移住せざるをえなかった心理学者の一部が、自らの立場を変えただけだった。しかし一九二〇年代にひとり重要な例外がいた。ウィーン心理学研究所所長で一九二九年から一九三一年までドイツ心理学会会長を務めたカール・ビューラー Karl Bühler である。彼は行動主義者のプログラムが純然たるアメリカ的な echt amerikanisch ものだ、と認めた上で、動物の行動もしくは行い（彼は「態度 Benehmen」と呼んだ）の研究が、心理学の基礎となる重要な知見をもたらすと考えるようになった。彼は自らの学問の体系に行動的側面を取りいれようと試みた。しかしこの目的をめざしてビューラーが行動のプロトタイプとして選んだものは何だったろうか。彼が選んだのは迷路内の一匹のネズミでも、問題解決課題にあたるチンパンジーでもなく、コミュニケーション活動を行うミツバチだった。フリッシュ von Frisch が行った「ミツバチの言語」の研究が、ビューラーが探し求めていた範例をもたらした。動物の行動のなかで人間行動と最も関係が深いのはコミュニケーション行動だということは、ビューラーにとって自明の事実だった。ビューラーにとって人間とは、根本的な意味でコミュニケーションを行う生物であり、円熟期を迎えた彼の心理学者として活動は、おもに言語の研究にささげられていた（Buehler, 1990）[9]。しかしビューラーが正しくて、ネズミの迷路走行を範例として研究したラットランナーたちがまちがっていた、などといいたいのではない。重要なのは、

「行動」という抽象的なカテゴリーに意味をあたえる範例をどのように選択するかは、「人間の行いの根本的本質とは何か」という文化的に規定された先入見によって定められている、ということである。

6 行動と制御

行動主義者が行動というカテゴリーにもたらした最も深く、かつ永続的な変化は、行動と「制御」を緊密に結びつけたことだろう。両者の結びつきはワトソンの行動概念にもすでに見られたが、これは生物学でジャック・ロイブが提唱した「工学的理想」を体現した概念であった。ワトソンにとって心理学は心の理解をめざすものではなく、「行動の予測と制御」こそが心理学の目標だった。「もし私が示したプランに心理学が従うなら、心理学者である私たちが実験を行って得たデータを、教育家も医師も法律家もビジネスマンもすぐに実践的な場面で活用できる」(Watson, 1913 : 168)。ワトソンによれば、彼が提唱した心理学の目標を受け入れた諸領域、たとえば「実験教育学」や司法心理学や精神病理学、広告心理学、薬物心理学、検査心理学などは、ほかの心理学領域よりも栄えていたという。この逸話はワトソンが考えた行動の「カテゴリー」が、広範な対象を含んでいたことを示している。予測信頼性が高く、外部から制御されるものなら何でも「行動」に入れることができた。実際に当時、ワトソンが主張した人間工学的立場は、応用心理学の諸領域の中では突出していた。ワトソンの戦略的活動によって、人間工学的立場と行動のカテゴリーは堅固に結びつけられた。

一九二〇年代までには両者の結合は紛れもないものになった。アメリカでは一九二〇年代に、社会問題の統制に関する研究を行う心理学者が、民間の財団などから多額の私的財政的支援を受けるようになった（Samelson, 1985）。以前から行われてきた個人の心の心理学的研究は、大規模な被験者集団による素質の分布や行動の可変性 malleability の研究へとはっきり変化した（Danziger, 1990a）。研究は社会制御のために直接的ないし潜在的に有用な知識を生み出さなければならない、という考えが非常に広く受け入れられた。この新しいタイプの知識を、初期の現代心理学を特徴づけていた意識についての厄介な研究から区別するために、新動向の提唱者のほとんどはワトソンの指導に従い、自ら「行動」を研究していると宣言した。行動という用語は社会制御の科学を奉じるすべての人々の旗印になり、そのもとに信奉者たちは再び結集しはじめた。この時代のある観察者は、一九二五年までに「理解から制御へ、マネージメントへ、指導へ、改善へ、より大きな効力への変換」がおき、「行動の王国」が生まれたと述べていた（Samelson, 1985：42）。心理学の研究主題は「行動」だという心理学者は、その研究主題を心理学の目的は行動の「予測と制御」であるべきだ、という条件に結びつけるのがつねだった。

行動主義は自然界における心の位置づけをめぐる言説から生まれたが、そうした言説を人間の行いの制御についての言説へと変換したのであり、この意味で行動主義は革命的だった。行動主義が発展して行動主義的言説が心理学を支配するようになると、心と行動の対立という問題は些末なことにすぎなくなった。その結果、「認知的行動」や「認知的行動主義」といった用語が、ほとんど疑いを向けられることもなく受け入れられるようになった。重要な点は、「行動」が表れる言説的文脈が、そのときまでには、心に関する問題から、人間の行いを制御する技術の問題に変化したことである。「行動」は、心理学者が予測し制御できる人間のあらゆる活動を意味するようになった。

一九三〇年代から四〇年代に新行動主義がこの変化を仕上げた。それまでの行動主義ではつねに暗黙のものだった実証主義の立場を、新行動主義ははっきりと公式化した。ワトソンは心理学から心を排除すると同時に脳生理学との関係も絶った。直接に観察でき制御できる対象に固執した行動主義は、有機体の身体表面より奥にある内的過程には関わらないものになった。新行動主義は三つの変数（独立変数、従属変数、媒介変数）を導入して、観察対象と操作対象の優位を確たるものにした。この二つの変数については第九章で（ある程度）論じる。科学的知識と、科学的効果を生みだす技術的能力とが同一視されるようになった。いまや特定の効果を生みだす特定の操作によって、心理学的構成体を定義しなければならなくなった。[10] 資格を認められた心理学者が、心理学で流布している方法論的規範を順守して行った操作だけが、妥当なものと認められた。ある人が「行動的」アプローチを採用するということは、その人がそうした規範にコミットし、規範にあわせて活動する科学者の役割（行動の制御）にコミットすることを意味するようになった。

以前の内観心理学においては、心に特権的にアクセスできるのは、心理学実験の被験者自身による意識経験だと認めざるをえなかった。しかし、「行動科学」では科学者の方に特権があたえられた。科学者が行う操作が研究対象となる現象を定義した。科学者たちは被験者の反応の「予測と制御」を行うために、その現象を定義した。この文脈では「行動」は、行動科学の対象となるような仕方で定義された活動を意味するようになった。「行動」は一部の専門家集団のあいだで人気のあった手段によって予測され、制御される現象を指していた。

7　「学習」の抽象化

当初の行動主義者のプログラムにみられた面白い特徴のひとつとして、その積極的な主張が曖昧である一方で、それと対照的に、その批判対象が非常に特定されていることがあげられる。その内観への批判は、思考とイメージの心理学から得られた特定の事例によって支えられており、機械論的で唯物論的な説明に対する哲学的な好みを強烈に表明していることを除けば、そこには積極的な理論的内容はほとんどなかった。

理論的な空白と疑われかねないものをうまく埋め合わせるため、「条件づけ」の概念がすぐさま熱心に用いられるようになった。「条件づけ」は、ロシアの生理学者I・P・パヴロフ Pavlov による条件反射の研究から生まれた概念である。しかしパヴロフ自身にとっての条件づけ研究の意義と、それがアメリカの行動主義の言説のなかで獲得した意義はまったく異なっていた。パヴロフにとって条件反射の研究は、（解剖などのために）動物の身体を傷つけることなく脳過程を解明するデータを得る手段だった。行動主義者にとって条件づけは、脳の生理学に言及せずに適応的行動を理解する説明かテゴリーとなった。パヴロフはこの両者の違いはっきり自覚していた。アメリカで刊行された「生理学者から心理学者への返答」と題された論文で、彼は次のような見解を述べている。

心理学者は条件づけを学習の原理と考えている。条件づけをさらなる分析の対象とは見なさず、根本的研究をめざすことなく、その原理を受け入れている。あらゆるものに条件づけを適用して、すべての学習の特徴を同じひとつの過程として説明しようと努力している。生理学者はこれとはまったく反対の方向をめざしている。条件づけや時間的接近による連合や条件反射は、実際の研究の出立点となるにしても、それ自体さらなる分析を必要としている。私たちの目の前には重要な問題が横たわっている。どのような脳の基本的性質が、条件づけの基礎にあるのだろうか。(Pavlov, 1932 : 91-92)

パヴロフ型条件づけもしくは「古典的」条件づけは、行動主義の枠組み自体には提供できなかった理論的内容を得るために導入された、一連の疑似説明原理の最初のものだった。しかし条件づけとその後に導入された諸原理は、いったい何を説明しようとしたのだろうか。その答えは「学習」である。「学習理論」が新行動主義の理論的内容物となったが、その前に「学習」のカテゴリーにまとめられるさまざまな現象が存在しなければならなかった。さらに「学習」が心理学の瑣末的なカテゴリーではなく、心理学というディシプリンが自ら設定した目標を達成する上で重要なものだという確信がなければならなかった。実際、「学習」の「法則」は、科学的心理学の根本原理だと広く信じられた。しかしこの信念は、つい最近生み出された歴史的構成物、つまり単一の法則で説明できるように整理統合された学習現象というカテゴリーの上に成立していた。パヴロフの言葉でいえば、学習がすべての現象の基礎だとすることは、「学習の個々別々の側面を、すべてひとつの同じ過程だと見なす」ことを意味した。

現代心理学が誕生して間もない初期の時代には、そのような考えは途方もないものと思われただろう。一組の法則に従う学習全般を指すカテゴリーはいまだ存在しなかった。「学習」という用語はさまざまな文脈で使われていたが、それはせいぜい漠然としたアナロジーで結びつけられていただけだった。奇妙なことだが、二〇世紀中頃にアメリカ心理学の理論的論争を支配した学習の抽象化を達成するには、この漠然としたアナロジーで十分だった。この奇妙な抽象化は、どこから生まれたのだろうか。

もちろん、子どもの歩行や会話などの「学習」や、大人の楽器演奏や外国語の「学習」のような学習の使用例はずっと以前からあった。しかしその場合には、すべての学習の事例が共通の特徴をもつ統一された自然種だという含意はなかった。二〇世紀以前のメンタル・フィロソフィーや心理学のテキストでは、そうした学習という言葉は、当時重要だと考えられた連合や習慣、模倣、記憶、教育、訓練などのような現象のカテゴリーに関する議論の背景にすぎなかった。[11]「学習」のカテゴリーではなく、連合などの諸カテゴリーがそうしたテキストを構成する主役だった。二〇世紀の心理学ではこの関係が逆転され、後者の諸カテゴリーは「学習」という基本カテゴリーに含まれる事例に変わった。「学習」が以前にはもっていなかった意味を獲得しないかぎり、こうした関係の逆転は起こらなかっただろう。では、どのようにして、なぜ、その関係が逆転したのだろうか。

二〇世紀初頭には、「学習」がそのなかで新しい意味をあたえられた、三つのまったく異なった文脈が存在していた。第一の文脈は比較心理学であり、第二の文脈は技能の習得であり、第三の文脈は教育心理学だった。これを順に考察しよう。

進化論の影響が強かった比較心理学では、学習という活動が重大な「心の基準」として選び出されてきた（本章第二節「推測された心」参照）。ロマーニズは次のように述べている。

……私が提唱する心の基準は次のようなものである。当該の有機体は自分の過去の経験の結果に応じて新しく調整適応し、古い適応を変容するように学習するかどうか、である。[12]（Romanes, 1884 : 20-21）

ロマーニズは、経験から学習するには「選択」を行う必要があり、選択は「意識ある知性」の存在を必然的に含意する、という信念にもとづいて論じていた。そうした考えがあったにしても、新たな適応を行う学習についての研究は、進化論的比較心理学に含まれるようになった。学習は相当に重要視されるようになったが、その役割は二次的なものに止まった。学習は、心と知能のような本当に重要な根本的現象の基準と見なされただけだった。この文脈では、「学習」は機械的過程ではなく、意識的過程を意味していた。

その後、下等有機体を研究したロイブやジェニングスなどの生物学者は、最も単純な動物の行動にもみられる基礎的な変容可能性 modifiability に関心をもつようになった。しかしこの場合には事実上、意識は考慮されなくなった。というのも、ときにその物理化学的基礎を解明することのできる自動的な適応活動が、研究対象として取り上げられたからである。シェリントンが行った無意識的な反射メカニズムによる姿勢調整の研究も、同じような方向性をもっていた。有機体の自動的な適応的反応の性質をめぐってさまざまな説が提唱され、研究者の考えは一致しないことさえあったが、そうした現象のカテゴリーが存在することは当然のこととされた。

解明すべき問題は、こうした変容可能性が人間のような高等有機体にとって重要かどうか、「理知的」反応を行う上で重要かどうかにあった。この点で生物学者たちの意見は相違し、その立場の違いは進化論に対する態度と関係があった。動物の変容可能性には進化論的変化のすべての段階で同じメカニズムが働いているという仮説は、進化論の範囲を制限することになった。他方、行動を調整する過程が進化の途上で変化したという仮説は、進化論の領域を拡張した。ロマーニズのようなダーウィン主義者は、後者の立場をとっていた。当時すでに高齢だったロイブには、進化論を検討する時間はあまり残されていなかった（Pauly, 1987）。ロイブがめざした生物学は、生活を制御する原理をもたらす科学であり、彼の時代には進化論はその目標に寄与できそうには思えなかった。それに比べると、単純な原初的適応のメカニズムについての研究はずっと有望にみえた。そこでロイブは原初的適応の研究をより高次の活動へと適用した。彼は、同一の変容可能性の原理が動物の発達の全水準で作用しているると主張した。もっともこの主張は、実際には希望にすぎなかったのだが。

「学習」の本質の問題は、日常場面における実際的な技能の習得についての研究でも取り上げられた。これが第二の文脈である。技能学習の研究を先導したアメリカの心理学者は、電信（Brian and Harter, 1899）や速記（Swift, 1903）、タイプライティング（Swift, 1904）などの技能の習得に関する研究データを公刊した。これらの研究はみな、当時最新のコミュニケーション媒体を用いた伝達の学習だったのだが、学習の過程が社会的なものとは考えられず、個人内部における変化としてのみ概念化されたことは、特筆すべき著しい特徴である。そうした学習による変化は、個人内部で生じるある重要な現象の例とみなされた。たとえば電信の技能習得を研究する心理学者は、電信の技能ばかりでなく、もっと重要な「習慣階層の習得」を研究しているものと考えられた（Brian and Harter, 1899）。「習慣」という概念の系図は、とても興味深い。それはヒュームの時代以来、経験主義的なメンタル・フィロソフィーで重要な役割を演じてきた。反射の概念が拡張された一九世紀には、習慣に含まれる運動の種類が関心を集めた。[13] カーペンター Carpenter（1874）や彼に忠実にしたがったウィリアム・ジェームズ William James にとって、習慣とは本質的に感覚－運動的な調整のことであり、社会的慣習もそこに含まれると考えられた。習慣の学習の例として「電信の言語」を研究すること（Brian and Harter, 1899）は、こうした伝統に相応しかった。

一方、習慣の研究が実験室における実際的な技能の研究として行われるようになると、強調される点も変わった。習慣に関する旧来の経験主義的な諸研究は、個々の具体的な習得の事例よりも、習慣の一般的構造に焦点をあてていた。しかし、ブライアン Brian とハーター Harter が「仕事の心理学」と呼んだところの、実際的研究に刺激された実験室での技能研究は、必然的に習慣の獲得の具体的性質やその過程に注意することになる。彼らは、「学習に成功もしくは失敗した実際の人間が行った典型的手続きを描写する」ようになる（Brian and Harter, 1899 : 349）。研究の焦点が、「習慣」の性質から「学習」の性質へ、すなわち習慣の形成過程へと微妙に移りはじめた。この変化は後に続いた実際的技能の研究では、もっと明確に表れていた。実際的技能の研究は、「学習心理学」に寄与すると考えられるようになった（Swift, 1903, 1904）。しばらくのうちに「学習の過程」が論じられるようになり、さまざまな技能の「学習の過程」は共通の特徴をもつと考えられた。

第三の文脈は、学生や修業中の若手研究者が教育現場で行う「学習」である。この場合は、人々は心理学の問題をどのように定義したのだろうか。伝統的に生徒の学習は、記憶という本当に重要な問題に付随するものと見なされていた。記憶は古代から取り上げられてきた数少ない心理学的トピックのひとつであり、記憶の性質に関する考察は何世紀ものあいだ行われていた。しかし現代心理学が行った研究実践は、記憶と学習の相対的な位置関係を変えた。なぜなら、記憶の実験的研究で最もよく用いられた方法（Ebbinghaus, 1885）は、記憶を行う作業によって定義し、想起の経験によって定義したのではなかったからである。[14]「学習」は記憶と同義に用いられ、実験はさまざまな学習技法の効率の差を明らかにするようにデザインされていた。

学校における心理学的知識の適用をめざす実践的プログラムにとって、こうしたアプローチは格好の基盤をもたらした。急速に工業化が進行していた北半球の諸国では、二〇世紀初頭には教育実践を近代化して、合理的なものに改善する必要が自覚されていた。従来の伝統的な教育目的とその方法は、新しい時代に相応しくないとして用いられなくなった。効率の最大化が価値として支配する工業化社会では、学校教育は個人を職場で仕事を行えるようにしつらえなければならなかった。工業界で用いられて成功を収めていた技術的合理化の原理を適用しないかぎり、この目的のために教育実践を効果的に変化させることはできなかっただろう。こうした状況のなかでドイツの教育家たちは科学的基礎の上に立つ教育学をめざして活動していた。だから、さまざまな学習の技法の効果を明らかにするために、実験が行われたのである。この実験手順については、エビングハウスの記憶研究が模範になった。この学習技法の効果研究で中心的な役割を演じたのは、心理学者エルンスト・モイマン Ernst Meumann だった。一九〇八年には、彼の著書『記憶の経済とテクニック』(この領域の標準的教科書になった) の第二版が刊行されている (Meumann, 1908)。同書の第三版は英語に翻訳されて出版されたが、そのタイトルは『学習の心理学』だった (Meumann, 1913)。このときまでには、さまざまな学習の技法の効率を比較する心理学的研究が、専門的な研究領域として確立されていた。

ドイツで行われていたこの領域の研究は、当時、同種の実験研究がはじめられようとしていたアメリカで関心を集めた。ドイツでモイマンが果たした役割を、アメリカではE・L・ソーンダイク

Thorndike が演じることになった。コロンビア大学教員養成学部の教師だったソーンダイクはその立場を活かして、学校での勉強課題の学習に対してさまざまな条件があたえる効果を研究した。彼は一九一三年に『教育心理学』（全三巻）を出版したが、その第二巻はすべて『学習心理学』にあてられていた（Thorndike, 1913）。学習研究の第三の文脈は、いまや十分に発展していた。このソーンダイクの著書には九ページの参考文献のリストがつけられており、動物学習や技能学習の研究もそこに含まれていた。

この点において、ソーンダイクとモイマンの著書は明らかに違った。後者が研究対象としたのは人間による象徴的素材の記憶だけだった。しかしソーンダイクの本は、技能学習の研究を頻繁に引用する一方、「動物の学習の法則」を紹介する章も設けられており、注意深く読めば両者のあいだでは「学習」の意味がずいぶん違うことが明らかになる。モイマンにとっては、「学習」は本質的に「記憶」と同義だった。それは意識的な注意を含む人間の意図的な活動であり、「学校で出される課題」という特定の文脈のなかで研究された。ソーンダイクにとって「学習」は、それよりずっと広範なものだった。学校の学習で生じている過程は、動物でも観察される生物学的過程――ソーンダイク(1913)は、サル、ネコ、ニワトリ、カメの例をあげている――の事例のひとつにすぎなかった。さらにこの過程は少数の単純な「法則」に従うとされ、ソーンダイクはそれを列挙している。同じ法則が、人間の運動技能学習でも観念作用の学習でも作用する。三つの異なる文脈で研究されてきた対象が、いまや同じひとつの過程と考えられるようになった。ソーンダイクの「学習」のような広範な心理学的現象が、心理学というディシプリンの重要な焦点のひとつとなるのは明らかだった。一方、モイマンの「学習」は、きわめて限定された実践の文脈で用いられる技術的手段にすぎなかった。彼もほかのヨーロッパの心理学者も、「学習」が心理学の研究と理論を定義するとは考えなかった。

しかしソーンダイクは、当時アメリカで生まれつつあった「学習」を主要な対象とする心理学的言説に、大きな影響をあたえた貢献者のひとりにすぎなかった[15]。学習を最初に取り上げたのは彼の著書ではなかった。ソーンダイクの著作の二年前に発表された『学習の過程』(Colvin, 1911) に関する論文は、子どもと動物の学習過程は似ていると主張していた。その論文は技能学習にも触れている。ソーンダイクの本が刊行されたのと同じ一九一三年には、『心理学評論』誌に「種々の動物の学習や習慣の形成、記憶、連合などの過程は、実際は同じひとつの過程である」と主張する「学習の法則」に関する論文が掲載された (Haggerty, 1913)。まもなく、学習過程を研究するために、人間とネズミの両方を被験体として用いる実験的研究が行われることは、まったく理に適うと考えられるようになった (たとえば、Pechstein, 1917; Webb, 1917)[16]。心理学者は多数の被験者のデータをひとつにまとめる手法を取りいれて、どのひとりの被験者の結果とも一致する必要のない多数のデータの平均から「学習曲線」を作り出した。こうした統計的な抽象化は、しばしば「学習」というカテゴリーに含まれた概念的な抽象化の、実践における対応物としての役目をもった。

第一次世界大戦がはじまり心理学が軍事に関与するようになると、「学習」という用語は、心理学の職業的専門性をめぐって法外な要求をつきつける手段となった。心理学者は、「複雑な軍事的作戦行動の学習」から「堪忍袋の緒が切れること」まで、多様で広範な文脈で応用できる「学習」の専門的知識をもっていると思われたのである（Strong, 1918）。

第一次大戦後に、抽象化された「学習」研究は、アメリカ心理学の主要な下位部門として確立された。心理学の入門書（一九二一年に出版されて大好評だったウッドワースの『心理学』を嚆矢とする）は、動物実験から得られた証拠を、人間の技能研究や記憶研究に結びつけて議論した。その結果、普遍的に作用する、いわゆる「学習の法則」という考えが促進された。この「学習の法則」の精確な内容をめぐって熱心な論議が交わされたが、それも法則の存在に対する信念を強めただけだった。第一次大戦後の二〇年間に、「学習理論」はアメリカ心理学の理論的基礎を担うようになった。ウッドワース（1934：223）は、自分の教科書（第三版）のなかで、「心理学の研究は、そのほとんどが学習の探求から成るべきである」と述べている。動物実験、とくにネズミを用いた実験が好んで行われるようになった。同書が述べているように、「心理学は学習の過程を人間だけにみられるものとしてではなく（実際に、そうではないのだが）、すべてではないにしても多くの動物に共通する過程とみなし、それを解明しようとしている」（Woodworth, 1934：225）。

「学習」のカテゴリーと行動主義の運命は緊密に結び合わされていた。ワトソンはこれを予期していたようだ。彼は、「人間の学習訓練との関係を説明するには、おそらく動物の学習が行動の研究全体のなかで、最も重要なトピックであろう」と述べていた（Watson, 1914：45）。学習の法則と理論は行動主義に欠けていた内容をもたらし、共通の前提にもとづく一体化をもたらした。第一に、進化論的な変化を、最小限に評価する暗黙の傾向があった。[17] 行動主義者が求めた法則は、ダーウィン主義とは異なり、長期間にわたる大規模な自然の変化を説明するような歴史的法則ではなかった。彼らの立場は、進化生物学より身体の工学にずっと近かった。行動主義者が探し求めていたものは、行いの実践的制御を可能にする、広い範囲に適用可能な原理だった。そのためには、「操作に応じて短期間に生じる変化」という抽象的なカテゴリーが必要だった（Mills, 1997）。それこそが、「学習理論」が提供したものだった。この視点から、すべての有機体は歴史的過程の産物ではなく、潜在的に制御可能な対象とみなされた。有機体は中身のない「空っぽ」なものと考えられただけではない。それは種に固有の特徴をもたない孤立した存在とみなされ、あらゆる自然環境から切り離されて研究が行われた。人間の場合には、この考え方は個人と社会を画然と切り離す傾向となって表れた。こうして「学習」はつねに個人の変化の現象になった。それは、社会的な場を共有する複数の個体間の共-変化では決してなかった。

「行動」と「学習」というカテゴリーが、心理学の全領域における二〇世紀モダニズムの最も純粋な表現だったことに疑いの余地はない。皮肉なことに、心理学の抽象的な普遍性を最も過激に主張した二つのカテゴリーは、文化的・歴史的にみれば最も地域特殊的なものだった。

注

第一章

（1）［訳注］ダンジガーは一九五七年から五九年まで、インドネシア政府に雇用され、ジョグジャカルタのGadjah Mada大学で心理学を講じた。近代化のため、西洋の学問を導入する政府の施策の一環だった。

（2）奇妙なことだが、リチャーズは当時流行していた刺激と反応という新しい心理学的言語のなかに、このジレンマを回避する可能性を見出していた。第九章で取り上げるが、残念ながらこの希望は見当違いだった。

（3）ここで「私たちの our」という語は、心理学というディシプリンの語彙を指している。（この点ではさほど極端でなかった、ある種の西洋的なフォーク・サイコロジーを指しているのではない。White, 1992を参照。）

（4）［訳注］たとえば、怒りはこれこれの経緯を認知したときに生じるものであるといった認知的な文脈のこと。

（5）［訳注］科学のカテゴリーや理論は自然を説明するための人為的な規約であるという主張。

（6）［訳注］「意義」はある言葉の概念的内包、つまり字義のことであり、「指示対象』とはその言葉が指し示す現実的対象のこと。たとえば、「ペガサス」の意味は「羽の生えた馬」であるが、その指示対象は実在しない。

（7）［訳注］「知能が指している対象は定められているが、知能とは何であるか概念的に定義されていない」ということ。

（8）意義と指示対象の区別は、論理学者フレーゲ（Frege 一八四八—一九二五）の研究にさかのぼる。この研究は、意味と指示の区別に関する議論と、その新しい説明の発展に刺激をあたえた（Baker and Hacker, 1984参照）。私が採用している区別は、これらの諸研究とそれほど深い関係をもつわけではない。

(9) 自然の反映としての人間というカテゴリーの誤謬については、Lakoff (1987) を参照。

(10) 心理学的概念がもたらす膨大な前理解 pre-understanding の重要さは、Smedslund (1984, 1991) が詳細に解明している。しかし不幸なことに、普遍的な「心理学的論理 psychologic」に解決策を求める彼の試みは、文化と歴史に関するある種の無知を表している。

(11) [訳注] ここでの「ディシプリン」とは、学問分野を意味すると同時に、それを分野として成立させている修養や訓練、規律などの意味合いも含んでいる。

(12) もっと微妙な理由が、心理学が社会科学のひとつになった仕方に含まれているかもしれない。社会科学は、きわめて反伝統主義的な社会と時代の特徴である、広範な非歴史主義の要求に応えていたのである。これがおそらく、心理学がはじめから、ほかのどの国よりもアメリカで繁栄した理由のひとつであろう。

(13) この問題をめぐるより詳細な議論については、Danziger (1990b), Smith (1988), Young (1988) 参照。

(14) 第四章では反射をさらに詳細に論じる。

(15) 私は「カテゴリー」という語を好んで用いる。なぜなら、英語で書かれた研究文献においては、「概念」より「カテゴリー」の方が、私の求めている意味に近いからだ。「概念」という語はさまざまな望ましからざる含意や曖昧さをもっている。しかし以下では、後者を前者の同義語として用いることもある。

(16) 同じアプローチが、いわゆる心理学の「難治の問題」にもみられる (MacLeod, 1975)。

(17) 人間の心理学の歴史性を探求する研究の多くは、「情動」(Stearns and Stearns, 1988) や「自己」(Danziger, 1997) などのトピックスを対象として展開された。

(18) この問題は第一〇章で再び取り上げる。Hallam (1994)) の有用な議論を参照のこと。

(19) ここでは、Roger Smith (1992 : 224) の研究に依拠している。彼の「制止 inhibition」カテゴリーの歴史に関する研究は、言説的アプローチのすぐれた例である。

(20) 第八章を参照。伝記のジャンルはこの影響を受けない。伝記の目的は、歴史の動向の説明ではなく、個人の生活の理解だからである。

(21) 特定のカテゴリーがこのグループに属するかどうかをチェックするには、一九〇一年に出版された『哲学心理学辞典Dictionary of Philosophy and Psychology』(Baldwin, 1901) が好適である。もしこの辞典に収録されていないなら、その用語が二〇世紀に出現した心理学的カテゴリーだということは、ほぼ間違いない。

(22) 指示が両者を表す場合には後者を用いる。

(23) 本研究が扱う範囲には、知覚や記憶や認知のような、多くの心理学的カテゴリーが含まれていない。もちろん知覚は、既存の歴史研究によって比較的よく取り上げられてきた対象である。それぞれのカテゴリーに一冊の学術書をあてなくては、それらを適切に論じることは不可能だろう。

(24) [訳注] たとえば、心そのものが顔に表れているのではなく、心とは顔という物体から推測されるにすぎない原理的に隠された何かであるという考え。

第二章

(1) 本章で簡単にふれた多くの問題と関連するトピックを研究するには、Everson (1991) の詳しい文献表はたいへん有益である。

(2) 聖トマス・アクィナス (1947, 1 : 405) は、「インテリジェンス」はアラビアからの翻訳に見出せるが、「インテレクト」はギリシャ語からの翻訳に見出せると指摘していた。この見解には、「インテリジェンス」の価値の引き下げが含意されているが、おそらくこのトマスの見解が、アカデミックな意味と日常的な用法の乖離を助長したのである。

(3) 人間と動物の理性に関する古代の複雑な概念をテーマとした議論と、関連する二次文献に言及したものとして、Sorabji (1993) を参照のこと。

(4) 『トピカ』のなかにも短い論及が存在するが、ここでは考察する必要はない。

(5) 詳細は、Gardiner et al. (1970) を参照のこと。「情念」についての一般的問題としては、Solomon (1976) を参照。

(6) 「というのも、私たちのうちにはひとつしか魂がなく、この魂はそれ自体としてはさまざまな部分などもっていないからである。感覚印象に晒される同じ部分が合理性をもつのである。そして、魂の欲望のすべては意志行為である。それを、普段、対立しあっているさまざまな人物の役目を果たさせるときに犯してしまう過ちは、私たちはその機能を身体の機能から適切に区別してこなかったという事実からまさに生じてくるのである。私たちは、自分のなかにおいて理性に反していると見なせるあらゆるものを、身体の機能にのみ帰するべきなのである」(Descartes, 1931 : 353)。

(7) ［訳注］現代の哲学では、単なる運動は機械的であり、行為は意図的であるという区別をすることが多い。

第三章

(1) グラハム・リチャーズ Graham Richards は、著作のなかでこの問題についての唯一の詳細な議論を展開している。彼はつぎの通りに問題を要約している。「心理学という学問の単一のルーツは一七世紀には存在しないが、心理学研究の特定の領域での萌芽となるような個々の業績は、正統的な文献の内部にも外部にも散見される。これらはきまって、研究の伝統にはつながらず、先駆けとして現代の研究の発展に貢献することはほとんどなかった」(Richards, 1992 : 92)。

(2) そうした教科書の最も顕著な例は、ベイン(Bain, 1977) によるものとスペンサー (Spencer, 1871) によるものである。彼らの新しいところは、後者の進化論的な視点と前者の生理学の援用である。純粋に心理学的な概念化という点では、彼らは初期の英国経験論が敷いたレールにそのまま乗っていた。

(3) バークレー Berkeley 司教とマンデヴィルは、公開討論の場で一戦を交えている。マンデヴィルとアダム・スミスの結びつきはしばしば指摘されているが、これについてはデュモン (Dumont, 1977) の詳細な研究がある。

(4) この用語法を発明したのはバトラーではない。この時代までにすでに「拮抗する情念」としての私的利害をめぐる言説にはかなりの歴史があり、それは資本主義的経済活動の有益な効果と結びついていた（Hirschman, 1977）。一八世紀英国のモラリストたちは、この言説を体系化し、その疑似心理学的な含意を彼らの先輩よりも徹底的に練り上げたのである。

（5）この段階では「感情 feeling」という用語はまだ「心の状態」の同義語として機能しており、したがって、感覚や知覚も感情としてカテゴリー化される。感情と情動 emotion が結びつくのはもっと後のことである。これについては「新たな自己の感覚」の節（八六〜九一頁）で考察する。

（6）ヒュームの決定論は彼独自のものではない。まったく独立に、デヴィッド・ハートレー David Hartley も人間行動の決定論的な説明を同時期に試みているが、ただし、最終版が出版されたのはヒュームの説明が現われた十年後だった（Hartley, 1749）。ヒュームとは違って、ハートレーは自分の決定論に神学的な根拠を与えた。だが、これは、ジェームス・ミル James Mill とW・B・カーペンター Carpenter を含む、ハートレーの影響を強く受けた後継者たちには無視された。心理学では、一八世紀の決定論と機械論の遺産は、ヒュームよりもむしろ、まずハートレー的な形で受け継がれた。しかし、長期的には大哲学者であるヒュームの影響力の方がはるかに大きかった。

（7）これを、人間の争いの本質的な利己性を非難した初期の学説と混同してはならない。ここでの要点は、目標の利己性ではなく、目標の起源にある必然的な私的性質である。一八世紀のロックの末裔たちは「道徳感覚」を信じており、非利己的な目標があることを認めていた。彼らにとって考えられないことだったのは、私的な起源をもたない目標である。

（8）明らかにロックの思想は、個人の思考から個人の存在を導き出したデカルトの「我思う故に我あり」に負うところが大きい。哲学の視点からみればデカルトの論点の方がより根源的であるが、現代心理学の歴史では、自己をめぐる問いと答えのロックの定式から、この分野を支配する経験主義的言説がはじまった。これに対して、デカルトが超自然的な精神実体や理性的な意志にこだわったことは、現代心理学のようなものの発展には厄介な障害物となった。

（9）一三〇〇年頃、英語の「自己 self」という単語が名詞として最初に登場したとき、この単語には、人をまずもって罪人として見るという長い伝統から来た否定的な含意があった。『オックスフォード英語辞典』(1989, XIV : 906) は次のような初期の例を引いている。「われらの自己をわれらは拒み、われらの全能たる神に従う」。邪悪の化身としての自己と善なる神とのこうした対立は、数世紀にわたって存続した。一六八〇年の例では、「自己はこの世の巨大な反キリストであり、神に反するものである」と宣言されている (XIV : 907)。だが、当時すでにこれとは逆の流れもあったことは、英語に「自己」とついた合成語が数多く出現することからうかがわれる。それらの多くは、自前 self-made (1615)、自己の利益 self-interest (1649)、自信 self-confidence (1653) のように、否定的な意味合いよりもむしろ肯定的な意味合いを担った。

(10) 哲学的には、この区別のもとをただせば、ロックが採用した「一次性質と二次性質」の区別にさかのぼる。歴史的には、ほかの多くの要因が関与している。

第四章

(1) ブリュッケ、デュボワ＝レイモン、ヘルムホルツ Helmholtz、ルートヴィヒ Ludwig ら若さドイツの生理学者たちは、明らかにこの物理主義的な線に沿った計画を展開させる先導者となり、それは残りの一九世紀における生理学の発展を支配した。フランスでは生理学的還元主義の伝統が以前から続いて強かったが、イギリスではこの発展はもっとゆっくりであった。

(2) このこと [訳者注＝ホイットによって導入された感覚的原理によって作用する精神」は、合理的精神の働きには身体の機能が関与していると提唱したドイツの医学的理論家G・E・シュタール Stahl の初期の仮説を大いに前進させるものであった。シュタールは、推論する心と不活性な物質とのあいだの二元論をまだ認めていたのである。

(3) [訳注]「赤いリンゴ」という観念に代表されるように、経験主義哲学では「赤い」観念と「リンゴ」という観念は経験を通じて複合的に結びつくと考え、最初から「赤いリンゴ」という観念が生得的に存在するとは考えない。

（4）［訳注］生気論は、生命現象は通常の物理化学的法則では説明しつくされないという考えを基礎としているが、そこには強弱さまざま立場が含まれている。生命現象の独特の原因となる生命力、形成力、有機化力、エンテレヒーなどの作用因を想定する強い立場もあったが、他方、既存の物理化学的法則の生物領域における特殊形態を主張するやや弱い立場もあった。

（5）［訳注］脊髄を残して脳を除去した動物のこと。

（6）ドイツではこの論争は、主要な生理学雑誌の編集者でもあったE・プリューガーPflügerと医学の学位をもつ哲学者R・H・ロッツェLotzeの対立で頂点を迎えた。プリューガー（1853）は一世紀前のホイットの主張を思わせる立場で、脊髄を残して脳を除去したカエルに適応的な反応が見られることは、「脊髄精神」の作用を暗示するものだと主張した。ロッツェ（1853）はこれを否定し、脊髄反射レベルの機械的反応と意識的精神によって制御される作用とのあいだに明確に線を引いた。多くの二元論者がそうであったように、ロッツェは意識的な道徳判断のために自律した余地を残しておきたかったのである。イギリスでプリューガーの立場を遅れて擁護した者の一人は、科学的アウトサイダーであったジョージ・ヘンリー・ルイスGeorge Henry Lewis（1877）で、彼はほかの点においてもヴィクトリア朝の流れに逆らおうとしていた（Ashton, 1991参照）。

（7）ライプニッツは連続性の原理を意識と知覚にもあてはめ、意識を程度の問題にした。滝の音のような複雑な知覚は多くの微小な印象（微小知覚）の産物であり、そのひとつひとつは十分に意識的ではないが、一緒になると高い意識レベルの印象を生み出すのである。

（8）心身二元論とは無関係に用いられていた用語で、感覚作用と同じ時期に生理学から消え去った用語として「交感sympathy」がある。両方の用語の生理学における運命を隠してしまった論争については、Leys（1990a）を参照のこと。

（9）［訳注］一九世紀後半のイギリスにおいて支配的であった、道徳的秩序を重んじる風潮のこと。

（10）［訳注］ライプニッツは宇宙のあらゆる存在の

あいだには関連があるとして、俗に「自然は飛躍せず」といわれる連続性を仮定した。

(11) Danziger (1982) を参照。

(12) [訳注] 一八九五年に書かれた『科学的心理学のための草稿』を指す。

(13) 抑制の使い方における両義性については、Roger Smith (1992) によって広範囲にわたって調べられている。

(14) 本能とカテクシスにカギカッコをつけているのは、これらの単語がフロイト自身の用語ではなく、翻訳者によって選択された用語であることを思い出してもらいたいためである。フロイトが使っていた用語はTriebとBesetzungであり、文字通りの意味は前者が「駆動」、後者が「占有」である。どちらの原語も英語の翻訳よりは基盤となっているエネルギー主義をよく表現している[訳者注＝日本語ではTriebを欲動、Besetzungを備給と訳すのが一般的]。フロイトがエネルギーのメタファーを使うようになったのは、グスタフ・テオドール・フェヒナーGustav Theodor Fechnerの影響によるものかもしれない。フェヒナーはこのエネルギーのメタファーを使って、自分の考案した精神物理学をつぎのように正当化した。「丸太を割ったり、ある錘をある高さまで持ちあげたりするのに、ある量の運動エネルギーがかかるのとちょうど同じように、ある強さで考えを抱くのにもある量のエネルギーがかかる。ひとつのことにおけるエネルギーはほかのことにおけるエネルギーへと変換することが可能である」(Fechner, 1966 [1860 original]：36)。

(15) これらの設問はつぎの二つのうちどちらかの形をとる傾向があった。(a)情動の認識をその身体的「表出の」側面から問うもの。(b)情動の身体的側面と心的側面のあいだの因果的影響の方向性について問うもの（ジェームズ＝ランゲ説James-Lange theoryについての議論)。

(16) [訳注] 知情意の区分を指す。

第五章

(1) [訳注] ニワトリは回り道をして餌を得ることができないが、イヌはできるというように、どの種の生物がどこまで課題を解くことができるかという能力の比較のこと。

（2）［訳注］intelligenceには知性を有する霊的存在という意味がある。

（3）その発展に関する包括的な説明と歴史的背景についてはCarson（1994）を参照。

（4）チャールズ・スピアマンの科学的業績は、現代の知能カテゴリーの客観性を認めるところに依存しているが、彼はこのカテゴリーとスコラ哲学の知的能力の概念とが矛盾するとは考えていなかった（Spearman, 1937）。二〇世紀の心理学者は時折、ちょっと歴史的探索の旅に出かけては、古代の著作に概念を見つけたと主張したが、つねにそれは「きわめて現代的」と見なされる危険にあった［訳者注＝昔の書物に似たような用語や概念やカテゴリーがあったからといって、その用語が使われる背景となる意味のネットワークを考慮せずに用語だけを拾いあげて、現代の枠組みをあてはめて考えるという素朴な誤りを心理学者もしばしば犯してきた。psycheは決して今日的な「心」ではないし、一五世紀以前のpsychologiaは「心理学」ではない。現代の用語の用法から、意味をあてはめると、往々にして意味を間違える］。

（5）これは、しばしば正反対の反動を引き起こしながら、二〇世紀の社会哲学者に引き継がれた変化である。モダニズムの代弁者たちは変化を歓迎したが（John Dewey（1930：203）など）、批判的理論家たちは残念に思った（Max Horkheimer（1947：ch. 1）ほか）。デューイは現代の用語としての「知能」がただの技術的用語ではなく、世界観全体を表していることを明らかに認識していた。心理学者たちがこの用語を具体化していったことは、この世界観が暗黙のうちに受容されていたことに基づくものであるように思える。

（6）この話題はロックの『人間悟性論』の初版である一六九〇年の版には現われておらず、後の版ではあとからの思いつきの一種としてつけ加えられている。現代心理学の歴史的記述において一般的となっている伝説とは反対に、ロックは「連合主義」の創始者ではなかった。この点について私は、ほかのところで詳細に論じている（Danziger, 1990b）。

（7）［訳注］ギリシア・ローマ時代から一七世紀にかけて共通に考えられていた見解では、知性は人間に特権的に与えられた属性であり、人間であるということは世界の原理を知ることができるということである。より近代的な見解では、知性を道具としてみるので、知性の有無ではなく、知性の使い方が問題になる。

(8) 総論については、Calhoun (1973 : part 2) と Hanson (1993 : ch. 7) を参照。

(9) この話はよく知られている。フランスでこの道具が初めて考案されたときのことを最も詳細に英語で説明しているのは、Theta H. Wolf (1973) である。本質的なことは R. E. Fancher (1985) が詳細に論じている。一次資料の翻訳については、A. Binet & T. Simon (1916) を参照。アメリカにおける発展については、JoAnne Brown (1992) と Leila Zenderland (1987) が論じている。

(10) 「もともとは欠陥を診断するための装置であったものが、正常な人々を階層化するための装置になってしまった」(Rose, 1985 : 128)。これらの発展に伴って生じた概念的問題の分析については、Gould (1981 : ch. 5 & 6) も参照。

(11) 現代心理学史におけるこのエピソードは研究者によって大いに吟味されるようになり、Kevles (1968) に始まり、Samelson (1979) の記念碑的な研究へと続いている。最近の重要な研究は Mayrhauser (1991) と Carson (1993) の著作であり、これに続く段落はこれらの原典によるものである。

(12) [訳注]「地図に載せる putting on the map」とは、「有名にする」「注目が集まる」の意。この章のタイトルは、"putting intelligence on the map" であり、キャッテルのこの発言が意識されているため「地図に載せる」と訳した。

第六章

(1) 最近では、「認知」のカテゴリーが同じような役割を演じるようになった。「学習」がその役割を果たせなくなったときに、内容に関わりなく心的な諸機能を統一する抽象的法則という考え方は、「認知」というカテゴリーの形をとって再び出現した。しかし本書が扱う期間には、この展開は含まれていない。

(2) 科学的使用と「関連している」と認められることが必要だった。というのも、初期には物理学的実体の「行動 behaviour」について語るような例を見出すこともできるからである。もちろんこのことは、生物学者や心理学者が用語を選択した際に、ある種の役割を演じていた。「行動」は、価値から自由で、道徳とは関わりのない用語と見なされた。しかし「行動」は、物理科学における専門用語にはならなかった。「行動」は生物学的文脈において、またとくに心理学的文脈で用いられるようになってはじめて専門用語になった。

(3) 「ダーウィニズム」という用語は、ここではダーウィンに固有のものではなく、ハーバート・スペンサーが発展させた学説を指すものと考えてほしい。この説の歴史的背景については、R. J. Richards (1987) を参照。

(4) ロマーニズが心の身体的基準という考えを発明したのではない。第四章で述べたフリューガー－ロッツェ論争から生まれた心の身体的な基準は、一九世紀後半に論議の的になった。ウィリアム・ジェームズ (1890) は『心理学の原理』の巻頭で、このトピックを取り上げている。

(5) 行動主義の誕生以前に心理学を「行動の科学」と定義した最初の文献のひとつ (Pillsbury, 1911) は、この信念に基づいていた。だから行動は「心の証拠」のなかで最も重要だったのである。

(6) この点は、ウィルヘルム・ヴントが、一八九二年にロマーニズの研究における「批判的態度の不幸な欠如」を指摘したときに、はっきり述べられていた (Wundt, 1894 : 343)。

(7) この実践へのあらわれについては、Mackenzie (1977) を参照。

(8) マッカーシー時代には、行動のカテゴリーのこうした特徴が、「社会的 social」という用語を「行動」という用語に置き換えるように促したようである。この時代に「社会科学」が「行動科学」へと置換えられた背景には、政治的要因の影響があった (Senn, 1966)。

(9) この研究は半世紀以上のあいだ、英語に翻訳されなかった。アメリカ心理学史がビューラーに言及しない理由は、アメリカとヨーロッパの文化の違いにある (Brock, 1994 ; Weimer, 1974 を参照)。

(10) Mills (1997) を参照。同書は新行動主義と操作主義の関係についての綿密な研究である。
(11) ウィリアム・ジェームズの『心理学の原理』(1890) に収録されている有名な「習慣」の章は、その例である。
(12) これは、直前に刊行された彼のもうひとつの論文『動物の知能』(1890) からの著者本人による引用である。
(13) 第四章を参照。
(14) この根本的な主張の詳細な説明については、Danziger (1990a) を参照。
(15) ソーンダイクは、心理学を大衆化するために「学習」というカテゴリーを用いた最初の学者でもあった。動物学習に関する初期の研究では、彼は当時広く通用していた「動物の知能」という用語を使っている。しかしその少し後に出版され、人気を博した『ヒューマン・ネイチャー・クラブ』(1902) では、彼はもう「学習」を心理学的カテゴリーとして用いている。
(16) 初期において、学習研究のための装置として迷路が広く用いられた理由は、迷路がネズミでも人間でも使える課題だからかもしれない。つまり迷路実験では原則的にネズミと人間の双方で同じ現象を扱っている、とされたのである。また迷路は運動学習が必要な課題に思われた。だから、迷路学習を技能の習得と同じカテゴリーに分類するのはたやすいことだった。こうして迷路学習の研究は、三つの異なった文脈から抽象して作り出された学習のカテゴリーに、完璧な経験的内容をもたらした。
(17) ソーンダイク (1911：280) は初期の時点で、すでに次のように述べていた。「もし私の分析が正しいなら、行動の進化はむしろ単純なものである。カニ、魚、カメ、イヌ、ネコ、サル、ヒトの赤ちゃんの知力と性格は、形式的にはよく似ている。身体の運動とその結果という法則に応じて変化する結合の諸体系が、そのすべてである」。

訳者解説

河野哲也

本書は、Kurt Danziger, *Naming the Mind: How Psycholcgy Found its Language*, London: Sage Publisher, 1997 の全訳である。本書の第一章から第六章までを上巻に、第七章から第一〇章までを下巻に収めた。

本書『心を名づけること』は、同著者による前著、『被験者（主題）を構成すること』とともに、「ボーリング以来の心理学史研究において最も重要な著作」（『アメリカン・サイエンティスト』誌）として評価され、八〇年代後半以後の新しい心理学史の流れや、九〇年代になって台頭してきた理論心理学や批判心理学などの分野において、すでに必読書としての地位を占めている名著である。

新しい心理学史や理論心理学における本書の位置づけや、ダンジガーの業績の意義に関しては、心理学を専門としている五十嵐が下巻の「訳者解説」において解説する。ここでは河野が、専門である哲学の観点から本書を簡単に要約し、著者ダンジガーの人物と業績を紹介することにする。

本書は心理学の歴史に関する著作であるが、それは、時系列的に心理学説の発展を追ったものではない。むしろ、原著の副題「心理学はいかにしてその言語を見出したか」が示すとおり、現在私たちが用いている心理学用語がいかにして成立したのか、その出自と来歴を明らかにする心理学的言語の考古学とでも呼ぶべき研究である。

*

通常、私たちは、知能・感情・動機・学習・人格などといった心理学用語が指している対象は、自然にあたえられていると暗黙裡に仮定していないだろうか。すなわち、心理学のカテゴリーは、シカやオオカミやクマのように、あるいは酸素や水素や炭素のように、自然に区別された自然種 natural kind だと信じていないだろうか。ダンジガーによれば、そうした信念は、心理学的言語の歴史的な起源を忘却することから生じてくる。心理学のカテゴリーは、自然の区別を鏡のように映した自然種ではなく、社会的に構築された人工種 human kind なのである。

たとえば、本書の第三章では「情念 passion」という概念の変遷が論じられる。それによれば、現在の実験心理学の本には、「情動 emotion」という項目は出てきても、「情念」という項目は見あたらない。一七世紀には重要な概念であった「情念」は、それ以降の概念の再編成によって、学術用語としては使用されなくなったのである。しかし、このような再編成が生じたのは、純粋に理論的な理由からではなく、一八世紀の経済・社会思想からの影響による。当時の社会哲学者たちは、「情念」という概念を、社会的・経済的有用性の観点から、「動機 motive」と「情動 emotion」へと再配置したのである。だから現在でも、感情は無益で衝動的な心の働きと見なされる一方で、動機は有益な行動のためのエンジンとされて、教育心理学や産業心理学の重要なテーマになっているのである。

あるいは第五章で論じられるように、心理学にとって知能 intelligence は最重要のテーマのひとつであるのに対し、理性 reason や知性 intellect はほとんど論じられることがないか、知能と同一視されてしまっている。ダンジガーによれば、「知能」だけが生き残った理由は、近代教育システムの普及と関係している。知能という概念は、知性や理性とは異なり、個体のもつ生物学的・遺伝学的性能と結びついている。教育システムが発達して、より高度な教育成果が求められるにつれ、好ましくない教育結果を、「原材料」のせいにするような生物学的・遺伝学的説明が必要とされたのである。さらに、知能検査（ＩＱテスト）の導入によって、知能とは生得的で生涯変化せず、量的に測定されうるという考えが一般にも広く浸透してゆく。こうした概念のせいで、私たちは今でも、人間の知的活動に関するひどく狭隘な考えしか持ちえていないのかもしれないのである。

同様の仕方で、ダンジガーは、刺激、行動と学習、動因、人格、態度など、現代心理学の基本的カテゴリーの起源を探究してゆく。そこで暴かれてゆくのは、それらのカテゴリーの社会的・政治的・文化的な意味を帯びた出自であり、それらが心理学の研究実践のなかで次第に実体化され、自然な存在と見なされてゆく過程である。心理学的カテゴリーが自明視されたときには、そこに含まれる社会的・政治的関係性も自明視されることになる。こうして心理学は、ある社会的・政治的関係性に「科学的根拠」をあたえ、暗黙のうちに固定化する装置として働きかねないことをダンジガーは示唆している。現在、脳生理学が勢いづいているが、そこにおいてもしばしば、心理学のカテゴリーが自然な所与と見なされている。本書は、こうした傾向に対して深い反省の機会をあたえるものであり、心の科学のあり方を根本的に問い質す指摘に満ちている。

したがって、本書は、心理学史の著作であると同時に、心理学に批判的な観点をもった科学哲学の著作、あるいは心理学の科学倫理学の著作と見ることもできるだろう。専門家か否かを問わず、心理学、認知科学、精神医学など心の科学に関心をもつあらゆる人に強く薦めたい著作である。

著者のカート・ダンジガー氏は、現在、カナダ・トロント市にあるヨーク大学心理学科の名誉教授である。

ダンジガー教授は、一九二六年にドイツ（当時、ドイツ領だったブレスラウ）に生まれ、一一歳のときに家族とともに南アフリカに移住する。ケープタウンでは、最初は化学の学士を取得するが、哲学と心理学に専攻を変えて修士課程まで終える。さらに、当時、新設だったオックスフォードの実験心理学科の博士課程に入り、動物実験による実験心理学やピアジェの発達心理学を学び、一九五二年に博士号を取得する。

学位取得後は、オーストラリア、インドネシア、南アフリカで教鞭をとることになるが、五〇年代から七〇年代の終わりまでのダンジガーの主な研究関心は社会心理学にあり、「偏見」や知識社会学を主題とした研究を行った。本書の冒頭でエピソードが紹介されているように、六〇年代の初頭の二年間、インドネシア政府に雇用されて心理学の教鞭をとる。このときの経験が本書の社会構成主義的な視点を培った。その後、再び南アフリカに戻り、マンハイムなどに影響を受けた論文、「南アフリカにおけるイデオロギーとユートピア」「近代化と社会的権力の正当化」など多くの社会心理学の論文を外国の学術雑誌に発表する。この頃の南アフリカは、アパルトヘイト反対運動の激化とともに、人身保護条例制定など政府の弾圧も激しくなっていた。政府に批判的で、ネルソン・マンデラの裁判などにも関係したダンジガーは出国を余儀なくされ、一九六五年にカナダ・トロントに移住することになる。

トロントのヨーク大学に勤めることになったダンジガーは、『社会化』(1971)と『人間のコミュニケーション』(1976)を発表し、社会心理学の分野で重要な仕事を残した。ダンジガーが心理学史や理論心理学に関心をもちはじめたのは、七三~七四年の研究休暇の時期であった。ここで彼は、ヘルムホルツ、フェヒナー、ヴントなどのドイツの初期の心理学者について研究し、七〇年代の後半から心理学史に関するきわめて重要な論文を発表しはじめる。

それらの研究の集大成である『被験者(主題)を構成すること』(1990)では、一九世紀から現在に至るまでの心理学研究の方法論が歴史的に辿られ、心理学の実験が単純な技術ではなく、ひとつの社会的な実践であることが明らかにされる。とくに、研究実践がいかに社会的・政治的・文化的なコンテキストに影響されているかについて、アメリカとドイツを比較することで分析している点が興味深い。本書『心を名づけること』は、この延長上にある研究である。

本書以外のダンジガーの主著は以下のようである。

(1990). *Constructing the Subject : Historical Origins of Psychological Research*. New York : Cambridge UP.
(1976). *Interpersonal Communication*. New York : Pergamon Press.
(1971). *Socialization*. London : Penguin Books.
(1970). *Readings in Child Socialization*. London : Pergamon Press.

これ以外に約三〇冊の共著があり、約五〇本の雑誌論文がある。ダンジガーに捧げられた以下のアンソロジーには、全著作リストがある。Brock, A. C., J. Louw, & W. van Hoorn (Eds.). *Rediscovering the History of Psychology : Essays Inspired by the Works of Kurt Danziger*. New York : Kluwer Academic/Plenum Publisher.

ダンジガーは、ヨーク大学に心理学史・理論心理学の大学院課程を設立し、退職までそこで教鞭を取った。ヨーク大学の心理学科は彼の仕事を受けつぎ、同分野にはレイモンド・E・ファンシャーを筆頭に、クリストファー・D・グリーン、トマス・テオ、アレキサンドラ・ラザフォードの四名の教員を擁している。心理学史・理論心理学で博士号が取れるのは、北米ではヨークとニューハンプシャーの二つしかない。

謝辞

本書ができあがるまでには多くの人の力を借りているが、真っ先に謝辞を捧げなければならないのは、カート・ダンジガー氏本人である。

本書の翻訳は、訳者代表の河野が在外研究でヨーク大学滞在中に企画された。出版社とのあいだで計画が決定したときに、ダンジガー氏に電子メールを打ち、幸いにも直接にお会いする機会を得ることができた。ヨーロッパから帰国した直後にもかかわらず、わざわざこちらの研究室にまで出向いていただいた。紛うことなき権威であるにもかかわらず、気さくで、いつも笑顔を絶やさない暖かいお人柄であった。コーヒー一杯も出せないままに、心理学や教育学、哲学などのさまざまな問題についてたくさんのお話を伺い、会話が弾んで、ついに二時間以上もお付き合いいただいてしまった。またそのなかで、氏の研究が、最も善き意味でのヒューマニズムに支えられていることを強く実感した。現在は、記憶や認知についての歴史的研究に取り組んでいるとのことだった。

また、クリストファー・グリーン氏、トマス・テオ氏には、心理学史・理論心理学に関する貴重な情報をいただき、ダンジガー氏をご紹介いただいた。石川幹人氏、渡辺恒夫氏には、研究会で理論心理学について勉強する機会をあたえていただいた。勁草書房の土井美智子氏には、大部な本書を全訳する意義をご理解いただき、出版上のアドヴァイスをいただいた。訳者を代表して、これらの方々に感謝する次第である。

著者略歴

カート・ダンジガー（Kurt Danziger）

1926年　ドイツ生まれ。家族と南アフリカに移住，化学専攻の後，哲学・心理学を学ぶ。

1952年　オックスフォード大学にて博士号（実験心理学）取得。オーストラリア，インドネシア，南アフリカで教鞭を取る。

1965年　カナダ・トロントに移住，ヨーク大学に職を得て，定年まで勤める。理論心理学・心理学史の大学院課程を設立。

現　在　ヨーク大学心理学科名誉教授。

主　著　Constructing the Subject : Historical Origins of Psychological Research.（Cambridge UP, 1990），Socialization（Penguin Books, 1971）など多数。

心を名づけること　上
心理学の社会的構成　　シリーズ認知と文化1

2005年2月20日　第1版第1刷発行

著　者　カート・ダンジガー
監訳者　河　野　哲　也
発行者　井　村　寿　人

発行所　株式会社　勁（けい）草（そう）書　房

112-0005 東京都文京区水道2-1-1　振替 00150-2-175253
（編集）電話 03-3815-5277／FAX 03-3814-6968
（営業）電話 03-3814-6861／FAX 03-3814-6854
法令印刷・鈴木製本

ISBN 4-326-19937-7　Printed in Japan

http : //www. keisoshobo. co. jp

監訳者略歴

河野哲也（こうの　てつや、第二章・訳者解説）

1963年、東京都生まれ。1993年、慶應義塾大学大学院後期博士課程単位取得退学。博士（哲学）。玉川大学文学部助教授。

訳者略歴

五十嵐靖博（いがらし　やすひろ、第一章・第六章）

1966年、富山県生まれ。1998年、早稲田大学大学院文学研究科博士後期課程単位取得退学（心理学）。山野美容芸術短期大学美容保健学科専任講師。

小松栄一（こまつ　えいいち、第三章）

1965年、東京都生まれ。2000年、早稲田大学大学院文学研究科博士後期課程単位取得退学（心理学）。明治大学情報コミュニケーション学部非常勤講師。

高砂美樹（たかすな　みき、第四章・第五章）

1962年、茨城県生まれ。1991年、筑波大学博士課程心理学研究科修了。学術博士。東京国際大学人間社会学部教授。